Uwe Böschemeyer
WARUM ES SICH ZU LEBEN LOHNT

Uwe Böschemeyer

WARUM ES SICH ZU LEBEN LOHNT

ecoWIN

Uwe Böschemeyer
Warum es sich zu leben lohnt

FSC
Mix
Produktgruppe aus vorbildlich bewirtschafteten Wäldern
und anderen kontrollierten Herkünften
Zert.-Nr. SGS-COC-004295
www.fsc.org
© 1996 Forest Stewardship Council

Das für dieses Buch verwendete FSC-zertifizierte Papier
EOS lieferte Salzer, St. Pölten

Umschlagidee und -gestaltung: **kratkys.net**

© 2010 Ecowin Verlag, Salzburg
Lektorat: Dr. Arnold Klaffenböck
Gesamtherstellung: www.theiss.at
Gesetzt aus der Sabon
Printed in Austria
ISBN 978-3-902404-90-9

2 3 4 5 6 7 8 / 12 11 10

www.ecowin.at

Inhaltsverzeichnis

Einführung 7

Wege zu einem sinnerfüllten Leben 11

Warum Werte so wertvoll sind 29

Wege zum Glück 45

Wege zur Versöhnung 61

Über die Liebe, und wie man sie lernen kann 79

Wie finde ich zu stärkerem Selbstvertrauen? 97

Warum es sich zu leben lohnt 115

Literatur 131

Einführung

Liebe Leserin, lieber Leser,
mit Vergnügen schreibe ich dieses Vorwort, denn auch die Texte, die Sie gleich lesen werden, habe ich mit großer Freude geschrieben. Sie sind Ergebnisse meiner Überzeugungen, die sich sowohl in meiner beruflichen Arbeit als auch in meinem eigenen Leben bewährt haben. Wie Sie gewiss schon gesehen haben, handelt es sich um „große" Themen unseres Lebens. Und welch ein Glück hat ein Autor, der sich damit beschäftigen darf!

Wie kam es zu diesem Buch? Es hat eine spannende Vorgeschichte:

Schon zu Beginn meiner Arbeit im *Hamburger Institut für Existenzanalyse und Logotherapie* begann ich mit der Einrichtung von „Leben-lernen-Seminaren". Sie fanden über einen Zeitraum von neun Monaten wöchentlich zweistündig statt. In diesen Veranstaltungen machte ich die Erfahrung, wie wichtig in der existenziellen Arbeit mit Menschen die Beschäftigung mit solchen Themen ist, von denen in diesem Buch die Rede ist. Ich zitiere einige Einschätzungen von Teilnehmern: „Es hat mich angespornt, geistig zu arbeiten." Oder: „Das Leben-lernen-Seminar ermöglicht mir einen Einblick in die Vielschichtigkeit menschlichen Daseins." Oder: „Ich werde an meinem Lebensnerv getroffen, wenn die Frage aufkommt: Was trägt mein Leben?" Oder: „Liebe, Glaube, Hoffnung – wenn diese Fragen sterben, dann stirbt auch die Welt. Das habe ich begriffen." Oder: „Leben geht! – trotz oder gerade wegen meiner Sorgen."

Aus den „Leben-lernen-Seminaren" ist inzwischen die *Schule des Lebens* geworden, die in der *Akademie für Wertorientierte*

Persönlichkeitsbildung praktiziert wird. Sie verfolgt die gleiche geistige Intention wie die früheren Seminare: nicht nur – wie in Selbsterfahrungsgruppen – die persönlichen Probleme anzusprechen, sondern auch die lebenswichtigen Einsichten, die Philosophen, Theologen, Psychologen und Weisheitslehrer herausgefunden haben. Ein neues Element in der *Schule des Lebens* sind die *Wertimaginationen,* die die *existenzielle Aneignung* dieser Erkenntnisse wesentlich fördern.

Seit mehr als 30 Jahren antworte ich als wissenschaftlicher Mitarbeiter des *Hamburger Abendblatts* in der Redaktion „Von Mensch zu Mensch" auf Fragen der Leser mit unterschiedlichen Problemen. In dieser Kolumne gehe ich zwar auf die subjektiven Probleme ein, stelle sie jedoch – wie in der *Schule des Lebens* – in einen größeren Zusammenhang. Da diese Kolumne offensichtlich bei den Lesern Anklang findet, kam die Leiterin der Redaktion, Renate Schneider, auf die Idee, mit mir gemeinsam im Bachsaal des berühmten Hamburger „Michel" eine Vortragsreihe zu (immer wieder) aktuellen Lebensthemen zu starten. Im November 2008 begannen wir mit dem Thema „Über die Liebe, und wie man sie lernen kann". Inzwischen fanden sechs weitere Abende statt, an denen jeweils mehrere hundert Menschen teilnahmen. Das Ende der Reihe ist nicht abzusehen. So haben wir also mitten in der Großstadt Hamburg eine *Öffentliche Schule des Lebens.*

Der Ablauf der Abende: Nach einer kurzen, aber intensiven Einführung in das Thema durch Renate Schneider halte ich einen etwa einstündigen Vortrag. Nach einer 20-minütigen Pause, in der ein lebendiger Gedankenaustausch stattfindet, beantworte ich Fragen, die die Teilnehmer während der Pause notiert haben. Nicht nur die äußere, sondern vor allem die innere Beteiligung der Besucher war und ist beeindruckend. Da viele Hörer um die schriftliche Fassung der Vorträge baten, wandte ich mich an den Ecowin Verlag, der nach nur kurzem Studium der Texte offenbar gern zur Veröffentlichung bereit war. Hier liegen sie vor. Deshalb möchte ich danken: zum einen der Leiterin der Redaktion „Von Mensch zu Mensch" – wir sind inzwischen ein starkes Team –, zum anderen dem Verlagschef Dr. Hannes Steiner, der sehr unkonventionell seine Zustimmung zur Veröffentlichung der Texte gab. Ich danke auch meinen Mitarbeitern, die zum Gelingen der Hamburger Abende erheblich beigetragen haben.

In mehreren Vorträgen ist von *Wertimaginationen* die Rede. Um nicht in jedem Abschnitt neu erklären zu müssen, worum es sich dabei handelt, möchte ich sie Ihnen in der gebotenen Kürze im Vorhinein vorstellen. Wertimaginationen sind bewusste Wanderungen ins Unbewusste, genauer gesagt: in den Teil des geistig Unbewussten (Viktor E. Frankl), in dem die spezifisch menschlichen Werte wie zum Beispiel die Liebe, die Freiheit, der Mut, die Versöhnung, das Spirituelle ihre Gründe haben.

Wenn wir die Augen schließen und uns entspannt haben, können wir uns – wir haben uns eingangs mit unserem fachkundigen Begleiter auf ein Ziel geeinigt – auf die innere Wanderschaft begeben: etwa zum „Ort" der inneren Liebesfähigkeit, des Mutes oder der Versöhnung. Und was wir da sehen, sehen wir plastisch und unmittelbar. Immer wieder aufregend ist, dass sich – wie in Träumen – Gestalten zeigen, die auf den inneren Wegen eine zentrale Rolle spielen. Diese Gestalten – ich nenne sie Wertgestalten – sind Gestalt gewordene Werte. Denn es gibt nicht nur etwa Symbole für Liebe, Mut oder Versöhnung, sondern auch für die Liebenden, die Mutigen oder die Versöhner. Diese Gestalten bilden wir uns nicht ein, sie bilden sich vielmehr aus, wenn wir uns auf sie einstellen. Das Gleiche gilt für alle anderen Symbole der Wertimagination. Kurzum: Wertimaginationen beleben die in der inneren Welt lagernden Gefühlskräfte. Sie zeigen uns, was uns in Wahrheit bedrückt oder gefangen hält. Und die sich ausbildenden Wertgestalten führen uns kraftvoll aus unseren inneren Verliesen heraus dorthin, wo wir innerlich zu Hause sein können. Noch kürzer: Wertimaginationen sind identitäts- und sinnstiftende Kräfte der Tiefe, die dem Bewusstsein zugänglich werden können.

Bis auf wenige Änderungen habe ich die Texte so belassen, wie ich sie vorgetragen habe. Deshalb blieben Wiederholungen nicht aus. Denn mit Rücksicht auf die jeweils neuen Zuhörer der „Michel"-Abende schien es mir angebracht, bestimmte „Erklärungen" noch einmal zu geben. Außerdem sind die *Inhalte* der großen Lebensthemen wie zum Beispiel Sinn, Liebe oder Glück so nah verwandt, dass einige ihrer gemeinsamen Aspekte bei jedem dieser Themen wiederkehren.

Auch sprachlich habe ich die Texte so weit wie möglich so belassen, wie ich sie vorgetragen habe, also auch manche Formulierungen unkonventioneller Art, von denen ich annehme, dass sie für meine Zuhörer durchaus bekömmlich waren.

Und schließlich: Auf vielen Seiten ist von „er" und „ihm" die Rede. Natürlich meine ich damit den Menschen, die Frau und den Mann.

Wege zu einem sinnerfüllten Leben

Die Aktualität der Sinnfrage

Wir leben in einer Zeit, in der die Angst zum lebensbestimmenden Gefühl vieler Menschen geworden ist. Ich meine die Angst vor den Tiefen oder Untiefen der eigenen Seele, die Angst vor anderen Menschen, die Angst vor der Welt, in der wir leben. Das gilt nicht nur für unsere Breiten, das gilt weltweit. Und keineswegs nur wegen der Finanzkrise. Wir wissen davon nicht nur aus Büchern oder den Medien. Jeder, der mit Menschen therapeutisch oder beratend arbeitet, weiß davon.

Die Angst unter uns ist so groß, weil der Mangel an Sinn so groß ist. Der Mangel an Sinn ist so groß, weil der Halt im Leben so gering ist. Der Halt im Leben ist so gering, weil die Suche nach Sinn so schwierig geworden ist. Die Suche nach Sinn ist so schwierig geworden, weil das Leben selbst so unübersichtlich geworden ist und daher die Wege zum Sinn so verdeckt erscheinen. Und weil die Wege zum Sinn so verdeckt erscheinen, ist die Angst unter uns so groß.

Was ist Sinn?

Sinn ist das,
- was mir hier und jetzt das Wichtigste, die Hauptsache ist.
- was mich unmittelbar angeht und betrifft.
- wozu ich stehen kann und will.
- weshalb und wofür ich leben kann und will.
- wodurch ich mit mir eins werde.

Sinn ist das vorrangige Motiv menschlichen Lebens. Sinn ist das, was der Mensch vor allem braucht – für Leib, Seele und Geist. Daher ist die Frage nach Sinn die wichtigste und menschlichste aller Fragen. Und sie ist nicht gebunden an Alter und Geschlecht, an Kulturkreise und Bildungsschichten.

Mangel an Sinn ist Mangel an Motivation zum Leben. Mangel an Motivation zum Leben ist Mangel an Beziehung zur Freiheit, zur Liebe, zur Hoffnung, zum Mut, zur Freude, zur Spiritualität – zu spezifisch menschlichen Werten.

Mangel an Beziehung zu Werten, sagt der große Wiener Sinnkenner Viktor E. Frankl, führt zum *„existenziellen Vakuum"*, zur inneren Leere. Und es sieht so aus, als handele es sich dabei um ein, wenn nicht das Kardinalproblem unserer Zeit.

Innerlich leer sein bedeutet, keine Orientierung mehr zu haben, keine Werte, keinen Sinn mehr zu fühlen, nicht mehr zu wissen, wozu man da ist. Konkret: Je weniger Beziehung ein Mensch zu Werten findet, desto mehr öffnet sich seine „leere" Seele für Angst, Aggressivität, Depressivität, Stress, Lebensmüdigkeit, Sucht, psychosomatische Störungen und all das, was Sinnerfahrungen und beglückendes Leben behindert oder verhindert. Es trifft zu, was Einstein gesagt hat, dass der, der sein eigenes Leben und das seiner Mitmenschen als sinnlos empfinde, nicht nur unglücklich, sondern auch kaum lebensfähig sei.

Ich werde Ihnen nun zehn Wege zu einem sinnvollen Leben beschreiben. Zwar kann niemand Sinn für einen anderen finden, weil jeder Mensch einzigartig und mit niemandem vergleichbar ist – darin liegt ja auch die Faszination und Würde unseres Lebens. Doch gibt es, wie beim Glück, Erfahrungswerte, die Orientierungshilfen auf dem Weg zur Sinnfindung sind oder sein können, und davon soll jetzt die Rede sein. Wege muss man bekanntlich *gehen*, und zum Ziel gelangt nur, wer angesichts schwieriger Passagen nicht kapituliert, sondern auch dann weitergeht, wenn nicht nur die Füße schmerzen.

1. Das Wagnis der Begegnung

Wer meint, von niemandem geliebt zu werden, wird nicht nach der Liebe Ausschau halten und sie auch nicht finden. Wer annimmt, dass es keine Freiheit gibt, wird sich nicht nach ihr sehnen und sie auch nicht finden. Wer behauptet, dass es keine Gerechtigkeit im Leben gibt, wird nicht nach ihr fahnden und sie auch nicht finden. Wer daran zweifelt, dass es überhaupt Sinn im Leben gibt, wird ihn nicht suchen und ihn auch nicht finden. Denn alle großen Dinge im Leben, die wir nicht messen oder beweisen können, setzen unser *Vertrauen* voraus, verlangen das *Wagnis*, dass wir uns auf sie einlassen. Doch wer es wagt, die Liebe, die Freiheit, die Gerechtigkeit oder den Sinn als *gegeben* vorauszusetzen, wird die erstaunliche Erfahrung machen, dass sie da sind, dass es sie gibt und dass sie das Leben ungemein bereichern.

2. Sich an frühere Sinnerfahrungen erinnern

Wer nicht mehr oder zu wenig Sinn in seinem gegenwärtigen Leben sieht, sollte sich daran erinnern, was Sinn für ihn einmal gewesen ist: zum Beispiel an die befriedigende Arbeit, an die bezaubernde Liebe, an die Geburt des Kindes, an all das, weshalb und wofür er leben mochte.

Es ist so wichtig, sich in Krisenzeiten an die alten Sinn-Bilder zu erinnern, wenn neue sich noch nicht oder nicht mehr zeigen. Warum? Um Sinn wieder einmal zu *fühlen*, um sich von den alten guten Gründen für Leben wieder anwärmen und den Wunsch nach neuem Leben wieder aufkommen zu lassen. Denn was wir an gelingendem Leben erfahren und verinnerlicht haben, kann uns vor Augen führen, wie stark unser Gefühl für Leben einmal gewesen und – vielleicht – noch immer ist.

Nein, das gute alte Leben früherer Zeiten wieder zum Vorschein kommen zu lassen, macht nicht melancholisch, sondern facht die Sehnsucht nach neuem Sinnerleben an, verursacht jenes Brennen im Herzen, das Widerstand schafft gegen das vertrocknende, dahindämmernde Dasein.

Konkret:
Wann war das (was gut, schön und sinnvoll war)?
Wo war das?
Was war das für ein Tag?
Wie sah das Haus, der Ort aus, die Menschen, die dabei waren?
Spüre ich wieder den Duft des Raumes, der Landschaft etc.?

3. Es gibt Sinnfindungsbarrieren

Es gibt Barrieren vor den „Orten", an denen Sinn gefunden werden kann. Sie haben oft einfache Namen. Sie heißen zum Beispiel Stolz, Unwahrhaftigkeit, Neid, innere Kälte, Angst, zerstörerische Aggression, Maßlosigkeit, Unbarmherzigkeit, Konfliktscheu – auch Trotz, Selbstmitleid, Ehrgeiz, Eifersucht, Ichbezogenheit oder die nicht enden wollende Sehnsucht. Diese und andere Gefühlskräfte sind häufig *die* großen Gegenspieler jener Gefühlskräfte, die die Bedingungen für ein sinnvolles Leben sind.

Wer sich jedoch dem stellt, was ihm den Weg zum Sinn verstellt, beginnt *sich* zu verstehen und zu sich zu stehen. Er sieht klarer, verhält sich klarer, beginnt zu ahnen, was wirklich wichtig ist, verbraucht auch weniger Kraft, weil er weniger verdrängt.

Es gibt keine runde, befriedigende, beglückende Sinnerfahrung, wenn jemand sich nicht so verhält, wie seine eigene Seele es von ihm erwartet. Wer gegen sich selbst lebt und damit gegen das, was er „im Grunde" will – wie sollte der mit sich eins sein und Sinn erfahren können?

Wir brauchen nicht immer Therapie, um zu erkennen, was uns davon abhält, Sinn zu erfahren. Es genügt manchmal ein waches, williges Hinhören auf das, was uns ein Freund zu sagen wagt. Es genügt mitunter auch die Bereitschaft, die Kritik unseres „liebsten" Feindes ernst zu nehmen. Noch wichtiger jedoch ist der Gang in die Stille, also jener Ort, an dem uns die unbequemen Fragen kommen, denen wir nicht mehr ausweichen können.

4. Sinn in der Gegenwart finden

Die Märchen – jene Spiegelungen der menschlichen Seele – sind voll von Bildern und Symbolen für das *Eine*, das wir brauchen und das uns beglückt.

Dieses Eine ist eine weitere wichtige Bedingung für sinnvolles Leben. Die Märchen erzählen von dem Schatz, der auch dann zu einem guten Leben ausreicht, wenn wir meinen, wir hätten das Wichtigste nie bekommen oder gar verloren. Gibt es diesen Schatz nur in Märchen?

Der Schatz, an den ich denke, liegt in der Situation, in der ich bin, und an dem Ort, an dem ich mich aufhalte. Denn die Gegenwart ist die Zeit und der Ort, an dem Leben stattfindet. Hier und heute finde ich die Gelegenheit, das Beste aus einer Situation zu machen. In dieser Zeit, unter diesen Umständen, in diesem konkreten Schicksalsraum, mit diesen Menschen eröffnet sich mir die Möglichkeit, Sinn in meinem Leben zu finden.

Mit anderen Worten: Daseins-Erfüllung erlebe ich, wenn ich den Rahmen meines *gegenwärtigen* Lebens konkret ausschöpfe. Voll von Leben ist mein Tag, wenn ich die Möglichkeiten ergreife, die ich in *ihm* vorfinde. Denn Sinn finde ich nicht gestern, nicht morgen und auch nicht da, wo ich nicht bin.

Und weiter: Nicht die Menschen an sich, nicht die Dinge an sich, nicht die Feste an sich füllen unser gegenwärtiges Dasein aus, sondern unsere von dem Wunsch geleitete *Einstellung* zu ihnen, sie hier und heute zum Schatz, zum Sinn werden zu lassen.

Wäre es anders, kämen nicht so viele Menschen zu uns in die Beratung, die äußerlich „alles" haben, was das Herz zu begehren scheint, nur nicht Glück.

Spüren Sie die Wohltat, die schon von der bloßen Vorstellung ausgeht, dass Sie sich nicht ständig neue Zustände und Umstände wünschen müssen, dass Sie ganz gegenwärtig, ganz *in* der Zeit und an diesem Ort zu Hause sein können?

5. Sich für das Leben begeistern

Gemeint ist nicht die Begeisterung, die aufkommen könnte, wenn wir die Nöte in der Welt und auch die eigenen leugneten, wenn wir uns aus der Welt zurückzögen und uns nur noch an inneren Bildern berauschten. Ich denke an Gründe für Begeisterung mitten im Leben.

Begeisterung? Das Zentrum dieses Wortes ist Geist. Geist ist die schöpferische Kraft des Menschen, die ihn befähigt, sein inneres und äußeres Leben innerhalb bestimmter Grenzen frei gestalten zu können. Geist ist die Kraft, die es ihm ermöglicht, sich nicht nur gehen, sondern auch stehen zu lassen. Geist ist aber nur dann lebendig, wenn er sich auf die Werte bezieht, die hier und jetzt gelebt werden wollen, zum Beispiel der Mut, die Wahrhaftigkeit, die Liebe, die Hoffnung oder das Wertvolle draußen in der Welt, das darauf wartet, angesehen und beachtet zu werden. Ohne das Zusammenspiel von Geist und Werten gibt es keinen Sinn. Ohne dieses Zusammenspiel gibt es keine Zufuhr von Leben und keine Begeisterung für Leben.

Was ist denn Begeisterung – und was geschieht dabei?

Begeisterung, das ist zunächst einmal freudige, überschwängliche Erregung, Schwung, Glut, Rausch, Leidenschaft, Enthusiasmus. Wer begeistert ist, hat Feuer gefangen, ist Feuer und Flamme, ist erfüllt, ergriffen, hingerissen, trunken, fassungslos, glücklich. Denken Sie etwa an ein Gospel-Konzert:

Der Chor stimmt sich ein. Er beginnt zu singen.
Die Sänger beginnen sich zu bewegen.
Sie stoßen erste Freudenrufe aus.
Der Funke springt auf die Hörer über.
Nicht nur die Füße der Sänger setzen sich in Bewegung.
Der Konzertsaal beginnt zu summen.
Die Gesichter der Hörer hellen sich auf.

Je länger der Chor singt, desto strahlender werden die Gesichter. Längst sind die Sorgen, die manchen Besucher vor Beginn des Konzerts besetzt hielten, verflogen. Freude durchflutet den Saal.

Am Ende des Konzerts stehen die Besucher auf, stürmen die Bühne, fordern Zugaben, singen selbst nach dem Konzert weiter, sind aufgeräumt, glücklich, begeistert. Mit Gedanken an das Konzert schlafen sie ein. Mit Gedanken an das Konzert stehen sie auf. Und – vielleicht – entschließen sie sich, ihr Leben zu ändern: häufiger in ein Konzert zu gehen, weniger zu arbeiten, sich nicht von der eigenen schlechten Laune oder der anderer unterkriegen zu lassen.

Wenn Geist die Mitte der Begeisterung ist, dann ist klar, dass es nicht nur die hinreißende, weithin spür- und sichtbare Begeisterung gibt, sondern auch deren stillere Ausgabe. Es gibt viele Brücken zwischen Geist und Wert. Wer über diese Brücken geht, kann Begeisterung erfahren, die feurige ebenso wie die stille. Und wer sie lebt, fragt nicht (mehr) nach Sinn. Er lebt ihn.

6. Menschen wohlwollen

Es sei ein entscheidender Unterschied, sagte Hugo von Hofmannsthal, ob Menschen sich zu anderen als Zuschauer verhalten oder ob sie Mitleidende und Mitfreudige seien, nur diese nämlich seien die eigentlich Lebenden. Und weil ich Zitate so liebe, füge ich gleich noch eines hinzu, das uns konkret dazu herausfordert, Menschen wohlzuwollen. Es stammt vom Großvater J. F. Kennedys, der sich als Lebensmaxime auf eine Plakette, die über seinem Schreibtisch hing, hatte eingravieren lassen: „Ich werde nur einmal durch diese Welt gehen. Jede Gefälligkeit, die ich tun kann, all das Gute, das ich erweisen kann, lasst es mich jetzt tun. Denn ich werde diesen Weg nicht noch einmal gehen."

Warum hat es Sinn, Menschen wohlzuwollen und ihnen Gefälligkeiten zu erweisen? Weil der, der so lebt, das Wichtigste lebt: die Liebe. Weil dieses schönste aller Gefühle ein unteilbares ist und den Beschenkten ebenso ausfüllt wie den Schenkenden. Weil jeder Mensch beides ist, Individuum *und* Gemeinschaftswesen, und daher der sein Leben verfehlt, der nur sich selbst im Blick hat. Weil der, der anderen wohlwill und ihnen Gefälligkeiten erweist, frei ist von störender Ichbezogenheit und etwas ausstrahlt, was ihn für andere sympathisch macht. Und das führt begreiflicherweise dazu, dass auch ihm Wohlwollen und Wertschätzung entgegengebracht werden. Deshalb stimme ich Alfred Adler, dem bedeutenden Wiener Arzt und Psychotherapeuten zu, der sinngemäß gesagt hat: „Wenn meine depressiven Patienten sich an jedem Morgen die Frage stellten, wem sie heute etwas Gutes tun möchten, dann könnte ich sie nach vier Wochen entlassen." Nehmen Sie diesen Satz nicht ganz ernst, aber schieben Sie ihn auch nicht ganz beiseite.

7. Sinn lässt sich auch im Unbewussten finden

Das Unbewusste ist ein riesiger Speicher von Ideen und Kräften. Darin sind die Erinnerungen nicht nur aller Formen von Konflikten aufbewahrt, sondern auch und vor allem alle Formen von *Lösungen*. So weiß die innere Welt auch sehr wohl, was Sinn ist und wie er sich finden lässt. Ein einfaches Beispiel aus

meiner Arbeit (das Sie bitte nicht ohne vorherige Einführung praktizieren):
Ich sage den Teilnehmerinnen und Teilnehmern einer Wertimaginationsgruppe:
Legen Sie bitte beide Hände auf die *Mitte* Ihres Körpers. Schauen Sie sich an, wie es in Ihnen ganz von selbst atmet. Lassen Sie die Wärme der Hände in die Mitte Ihres Körpers fließen, bis unter den Händen ein Wärmekreis entsteht. Schauen Sie in diesen Kreis hinein und schreiben Sie das Wort *Sinn* hinein. Warten Sie dann darauf, dass sich Ihnen Sinn-Bilder zeigen. Bleiben Sie bei den Bildern, bis Sie das mit diesen Bildern verbundene Sinngefühl in sich aufgenommen haben. Ein Beispiel, das eine Frau berichtete:

Nachdem ich mit warmer roter Farbe das Wort „Sinn" in den Kreis geschrieben hatte, zeigte sich eine Straße, die mich zu einem Haus führte. In der Mitte des Hauses sah ich einen großen Raum, von dem drei Türen in unterschiedlichen Farben ausgingen. Auf jeder Tür stand ein Wort. Neugierig, aber vorsichtig öffnete ich eine nach der anderen.
Auf der ersten Tür stand „Mut". Nachdem ich sie geöffnet hatte, sah ich eine an die Wand gefesselte Frau, die mich flehentlich ansah, damit ich sie befreite.
Beim näheren Hinsehen erkannte ich in ihrem Gesicht mich selbst (und meine Ängstlichkeit). Ich band sie los. Da wurde mir ganz weit ums Herz.
Auf der zweiten Tür stand „Liebe". In diesem, einem sehr dunklen Raum sah ich viele gebeugte Menschen, die darauf warteten, aufgerichtet zu werden. Als ich den letzten aufgerichtet hatte, wurde der Raum hell, und hell wurde es auch in mir.
Auf der dritten Tür stand „Freiheit". Als ich sie öffnete, sah ich einen großen, hohen Raum, dessen eine Wand aus einer riesigen Glastür bestand. Sie war ein wenig geöffnet und

lud mich ein, in eine vor mir liegende weite, wunderschöne Landschaft zu gehen. Ich kann kaum mein Glück beschreiben, das ich empfand, als ich meine ersten Schritte nach draußen machte.

8. Auch in schwerem Leben liegt Sinn

Vielleicht gehören Sie zu den Menschen, die alles verloren haben, was ihnen wert und teuer war: die Liebe, die Arbeit, die Gesundheit, den guten Ruf, sodass Sie sich fragen, ob und wie Sie ohne „das alles" weiterleben können.

Ob Sie „alles" verloren haben? Vielleicht sind Sie im Lauf der Zeit müde geworden von zu vielen Niederlagen und haben deshalb die Hoffnung aufgegeben, dass auch Sie noch einmal fühlen könnten, wohin Sie gehören und wo Sie zu Hause sind. Sie denken vielleicht, das Leben habe Sie verlassen.

Ob das *Leben* Sie verlassen hat? Manchmal kann es gut sein, sich für eine Weile einfach sein zu lassen und der Müdigkeit den Raum zu geben, den sie braucht – und nichts mehr von sich und anderen zu erwarten. Manchmal bleibt unsere Seele zurück, wenn sie nicht mehr weiter kann. Dann müssen wir darauf warten, dass sie nachkommt, uns einholt und uns wieder auszufüllen beginnt. Dieses Warten darf sein. Es muss auch sein, denn die innere Welt richtet sich nach Regeln, die oft ganz anders sind als die der äußeren, leistungsorientierten Gesellschaft.

Vielleicht aber sagen Sie auch, Ihr Leben sei schon immer sinnlos gewesen.

Immer? Sie haben *noch nie* Sinn gefühlt? *Alles*, was Sie erlebten, empfanden Sie als sinnlos? Sie kennen keine Freude, keine gute Zeit? Wenn das so wäre, wäre das bedrückend. Doch wer sagt, er habe Sinn noch nie erfahren, sollte sich klarmachen, dass er nicht mehr leben würde, wenn er nicht irgendwann Sinn erfahren hätte. Denn Sinn, das sagte ich schon, ist das, was wir unbedingt zum Leben brauchen.

Manche Menschen, deren Leben über lange Zeit schwer, vielleicht zu schwer war, neigen dazu, ihre vorwiegend dunklen Erfahrungen zu verallgemeinern, vielleicht aus Trotz, aus verkappter oder offener Wut, vielleicht auch aus Hass gegen alles, was lebt. Nicht selten jedoch liegt *unter* dieser Abwehr von Leben eine letzte Glut verzweifelter Liebe zum Leben.

Wer deshalb sagt, er habe noch nie Sinn erfahren, muss sich fragen, ob er will, was er vielleicht tut, nämlich: sich immer wieder einzutrotzen, einzuwüten, einzuhassen – und die darunterliegende letzte Liebe sterben zu lassen.

Nun gibt es allerdings *auch* Menschen, die vieles verloren, jedoch gelernt haben, ihr Leid zu *gestalten* und die gerade dadurch zu tiefer Sinnerfahrung gelangt sind. Immer wieder denke ich zum Beispiel an eine alte Frau, die seit ihrer Jugend an einer schweren, sich immer wiederholenden seelischen Krankheit litt und in den leichteren Zeiten so viel wie möglich aus den sich ihr anbietenden Möglichkeiten heraus lebte. Nein, diese Menschen lieben nicht das Schwere im Leben. Sie lieben das *Leben*. Sie lieben das Leben *trotz* der Schwere. Sicher brauchen auch sie lange, bis sie sich zu einer lebensbejahenden Einstellung durchgerungen haben. Doch wenn man sie fragt, ob sich ihr Leben lohne, antworten sie mit einem klaren Ja.

Was ist ihr „Geheimnis"? Ein doppeltes. Erstens: Sie haben gelernt, dass es entscheidend ist, worauf man sieht: auf das, was man *nicht* ist, *nicht* hat, *nicht* kann – oder darauf, *welche* Lebensmöglichkeiten noch immer oder gerade jetzt offenstehen. Zweitens: Sie sehen auch nach innen, lernen die Tiefe und Weite ihrer eigenen Seele kennen und begreifen, dass die wichtigste Quelle zum Leben nicht draußen, sondern drinnen liegt. Sie haben begriffen, was Nossrat Peseschkian in seinem Büchlein „Das Leben ist ein Paradies" sagt, gesund sei nicht derjenige, der keine Probleme habe, sondern derjenige, der in der Lage sei, mit ihnen fertig zu werden.

Unser Leben wird von dem bestimmt, was wir zur *Hauptsache* machen. Machen wir das *Leiden* und die damit verbundenen Einschränkungen, Verluste und Bedrängnisse zu unserem Hauptthema, dann wird unser Denken, Fühlen und Handeln, dann werden all unsere Beziehungen zum Leben vom Leiden bestimmt sein. Liegt uns jedoch das *Leben selbst* am Herzen, dann werden wir hier und heute aus den konkreten Lebenssituationen *das Beste* herausholen. Dann werden wir das Schwere nach wie vor nicht übersehen, es wird jedoch allmählich seine nur tragische Bedeutung verlieren.

Ob Leben gelingt oder nicht, ob Leid sich gestalten lässt oder nicht – alles hängt davon ab, ob wir da sein, ob wir leben, ob wir das Beste aus unserem Leben herausholen wollen oder nicht. Die Entscheidung darüber, ob wir auf das eine oder andere sehen, nimmt uns glücklicherweise niemand ab. Denn in dieser Freiheit liegt unsere Würde.

9. Sinn in Gott finden

Ich hatte eingangs gesagt: Alle großen Dinge im Leben, die wir nicht messen oder beweisen können, setzen unser Vertrauen voraus, verlangen das Wagnis, dass wir uns auf sie einlassen. Das gilt auch und vor allem vom Glauben an Gott.

Wie oft höre ich Menschen sagen: Ich würde schon gern an Gott glauben, aber ich kann es nicht. Diese Klage ist verständlich, denn nichts ist weniger vorstellbar als Gott. Und beweisen lässt er sich schon gar nicht. Sollten Sie mich nun fragen, wie ein Mensch Gott finden kann, so bringen Sie mich in eine gewisse Verlegenheit. Ich weiß darauf keine schlüssige Antwort, jedenfalls keine, die Sie auf der Stelle befriedigen würde. Doch lassen Sie mich ein paar erste Schritte nennen:

Mit dem Glauben ist es wie mit der Liebe. Beide lassen sich nicht machen.

Die Liebe *begegnet* uns, der Glaube auch. Aber: Wenn uns die Liebe begegnet, dann nur, wenn wir uns für sie *öffnen*. Das Gleiche gilt für den Glauben. Darf ich es noch einmal sagen: Alles, was groß ist im Leben, lässt sich nicht greifen und fassen. Deshalb werden wir das, was groß ist, nur finden, wenn wir die Begegnung mit ihm *zulassen*.

Es gibt also keine konkreten Hilfen, um Gott zu finden? Vielleicht doch:

- Die Stille suchen, denn in den Tiefen der eigenen Seele lässt Gott sich finden.
- Lieben, selber lieben, denn in der Liebe zeigt sich Gott.
- Überwinden, was uns an unserem ureigenen Leben hindert, denn Gott begegnet uns nicht im Dunst.
- Menschen fragen, die Erfahrung mit Gott haben, doch wenden Sie sich ab von denen, die Sie nur belehren wollen. Hören Sie eher auf jene, die nicht viel sagen, denn nicht selten sind sie es, die Ihnen viel mitteilen können.
- Und schließlich könnten Sie und ich von dem lernen, den ich für den einzigen sinn*vollen* Menschen halte:

Der, an den ich denke, war anders als alle anderen. Wenn sein Name fällt, sind viele peinlich berührt. Und wenn ich in dem Buch lese, in dem von ihm, von Jesus von Nazaret, die Rede ist, dann sagt mir manchmal mein geschulter Verstand, ich läse nur in einem alten Märchen.

Doch dann vergesse ich die Wissenschaft und lese weiter und begegne einem Menschen, der mit anderen in einer unvergleichlichen Weise sprach: feinsinnig, warmherzig und verständnisvoll, eindeutig, unmittelbar und herausfordernd, tief greifend und radikal. Er deckte faules Leben auf und deckte verständliche Schwächen zu. Er zog die Menschen weg von ihrer Oberfläche und zog sie hinein in die Tiefen des Geistes. Er ließ sie staunen, immer wieder staunen. Er begegnete ihnen als Liebhaber des Lebens.

Er wurde verkannt, weil er das Leben erkannte. Er wurde verfolgt, weil er Menschen zum Leben befreite. Er wurde gehasst, weil er – und das war neu – so unvergleichlich liebte. Er sprach mit Menschen so, dass sie sich entsetzten, so oder so.

Er wurde umgebracht, weil er sagte, sein Leben sei von Gott. Doch weil sein Leben von Gott war, war es voller Sinn. Weil es voller Sinn war, war es voller Liebe. Und weil es voller Liebe war, war er Gott so nahe.

10. Jeder hat einen „Ort", zu dem er gehört

Weil jeder Mensch einzigartig und unverwechselbar ist und deshalb seinen eigenen, unverwechselbaren Weg durch das Leben geht, hat er auch eine eigene, nur zu ihm passende Aufgabe und seinen ureigenen „Ort" im Leben. Wenn wir das nur begreifen könnten! Das bedeutet? Dass es meine erste „Bürgerpflicht" ist,

- mich danach zu erkundigen, wer ich bin,
- dass ich danach zu suchen habe, welche Lebensform zu mir passt,
- dass ich die Schwierigkeiten, denen ich ausgesetzt bin, als Teil meines Lebens verstehen sollte, die mich vor die Frage stellen, welche Bedeutung sie für meinen Weg zu meinem Platz im Leben haben.

Sollte nun jemand sagen, diese Illusion habe er auch schon einmal gehabt, einen solchen „Ort" gebe es vielleicht für andere, für ihn jedoch nicht, er selbst sei am Ende, er sei ausgebrannt und habe keine Kraft mehr zu hoffen, so möchte ich ihm sagen: Es gibt nur einen wirklichen Feind für den Menschen: die Resignation. *Resignation ist vorzeitige Beendigung der Suche nach Sinn und Glück, ist kraftlos-trotzige Abwehr der verborgenen Gefühle der Hoffnung auf ein anderes, besseres Leben.*

„Und was hilft dagegen?", wird der Jemand fragen.
Leben bejahen. Das heißt? Leben annehmen. Welches Leben?
Dieses Leben:
Die Nacht und den Tag,
den Winter und den Sommer,
den Stress und die Ruhe,
den Schmerz und die Leichtigkeit,
das Gelähmtsein und die Freiheit,
das Weinen und das Lachen,
das Sehnen und das Hoffen,
die Leere und die Fülle,
das Unglück und das Glück,
das Leben und den Tod.

Warum dieses Leben annehmen?
Weil es *dein* Leben ist.
Und wenn dieses mein Leben so ist, dass ich es nicht mag?
Dann frage ich dich: Kann es sein, dass dein Blickwinkel, von dem aus du auf das Leben siehst, nicht stimmt?
Und wie finde ich den richtigen Blickwinkel?
Indem du zunächst alles ausklagst und auswütest, was dich hat resignieren lassen.
Und dann?
Dann wird es still in dir. Dann wirst du noch einmal vor der Frage stehen, ob du deine Zustimmung zum Leben geben willst oder nicht.
Und dann?
Wer vor dieser Frage steht, beginnt zu ahnen, dass er frei entscheiden kann. Wer aber Freiheit wieder zu ahnen beginnt, spürt – zunächst unmerklich, dann immer deutlicher –, dass sein Geist

sich erneut auf die Suche macht nach dem, was ihn wieder mit dem Leben verbinden könnte.

Anhang:
16 Leitsätze zur Sinnfindung

1. Wer Sinn sucht, muss ihn mit Leib, Seele und Geist suchen – und sich fragen, was ihn leiblich, seelisch und geistig bei seiner Sinnfindung behindert (Sinnfindungsbarrieren).

2. Es gibt Barrieren vor den „Orten", an denen Sinn gefunden werden kann. Diese Barrieren haben oft einfache Namen. Sie heißen zum Beispiel Trotz, Selbstmitleid, Neid, Geltungssucht, Aggressivität, Maßlosigkeit, Ichbezogenheit, Unwahrhaftigkeit. Sie sind die Gegenspieler jener Gedanken, Gefühle und Handlungen, die die Bedingungen für ein gelingendes Leben sind.

Wer sich dem stellt, was ihm den Weg zum Sinn verstellt, beginnt *sich* zu verstehen, zu sich zu stehen. Er sieht klarer, verhält sich klarer, beginnt zu ahnen, was wirklich wichtig ist. Er verbraucht auch weniger Kraft, weil er weniger verdrängt.

3. Weil der Mensch ein Wesen ist auf der Suche nach Sinn (Frankl), ist bereits jede Sinn-Suche ein sinnvoller Akt.

4. Die Suche nach Sinn bezieht sich auf alle Bereiche des Lebens, auf die dunklen ebenso wie auf die hellen. Wer sich bei seiner Suche nur auf die hellen konzentriert, halbiert sein Leben und erfährt daher nicht seine Fülle.

5. Jeder Mensch trägt auf seinem Weg durch das Leben ein ursprüngliches Bild seiner selbst mit sich, das darauf wartet, ausgelebt zu werden. Je näher er diesem Bild kommt, desto wert- und sinnvoller fühlt er sich.

6. Wer sich an früheres, gelungenes Leben erinnert, weckt in sich das frühere Gefühl für Sinn und das Bedürfnis nach neuem, frischem Leben.

7. Die Stille ist der Ort, an dem sich uns die innere Welt erschließt und an dem wir am ehesten spüren, wer wir sind, was wir brauchen und welche Wege für uns sinnvoll sein könnten.

8. Sinnerfahrung – das ist auch und im Besonderen Erfahrung unserer inneren Welt. Sie ist ein unermesslich großer „Speicher" von inneren Bildern, Farben und Gestalten, eine Welt der Gefühle, Ahnungen und Ideen. Sie zeigt uns, was für uns sinnvoll ist und was nicht, welche Wege wir gehen sollten und welche nicht. Sie ist der „Ort", an dem die „Weisheit des Herzens" zu Hause ist. Wir erfahren sie zum Beispiel im Umgang mit Märchen, Meditationen, Träumen oder Wertimaginationen.

9. Wünsche und Träume können Lotsen zum Sinn sein. Sie weisen den Weg zu den „Orten", an denen Sinn gefunden werden kann.

10. Das, was uns hier und heute an Lebensmöglichkeiten begegnet, ist der „Stoff", aus dem sinnvolles Leben entstehen kann. Voll von Leben ist mein Tag, wenn ich die Möglichkeiten ausschöpfe, die ich in ihm vorfinde.

11. Wenn ich vor den Aufgaben, die auf mich zukommen, so wenig wie möglich ausweiche, kommt Sinn auf mich zu. Wenn ich so wenig wie möglich in den wechselnden Situationen vor meinem auf mich zukommenden Leben ausweiche, erfahre ich auch einen Zuwachs an Lust an der Verantwortung.

12. Wenn ich sage, was ich meine, und tue, was ich sage, wenn ich darüber hinaus mein Versagen so wenig wie möglich auf an-

dere schiebe, komme ich zu mir, bin ich bei mir und bei anderen und mitten im Leben.

13. Man darf auch einmal müde sein und darauf warten, dass sich das Bedürfnis nach und die Fantasie für Sinn von selbst wieder einstellen.

14. Leid ist grundsätzlich keine Barriere gegen Sinnfindung, im Gegenteil: Gestaltetes Leid kann zu vertiefter Sinnerfahrung führen. Entscheidend ist, *worauf* man sieht: auf das, was man *nicht (mehr)* ist, nicht (mehr) hat, nicht (mehr) kann – oder darauf, welche Möglichkeiten *noch immer und gerade jetzt* offenstehen.

15. Es gibt etwas, das die angstvolle Frage nach Sinn zur Ruhe kommen lassen könnte. Nichts befreit uns mehr, nichts füllt uns mehr aus, nichts führt uns tiefer zu uns selbst, nichts ist heilsamer als dieses menschlichste aller Gefühle: die *Liebe*. Die Erkenntnis kann erregen, die Freiheit kann beglücken, die Liebe allein füllt den Menschen aus – wenn sie nicht nur sich selber meint.

16. Zu sich selbst und zu tiefster Sinnerfahrung kommt ein Mensch in dem Maße, in dem er seine ursprüngliche Beziehung zum Grund des Lebens, zum Göttlichen, zu Gott (wieder) erfährt. Die Verweigerung dieser Beziehung wäre mit einem Baum vergleichbar, der von seinen Wurzeln getrennt wird.

Warum Werte so wertvoll sind

Was sind Werte?

Wir leben in einer spannenden Zeit. Wir sind Zeugen einer rasant verlaufenden technologischen Entwicklung, eines umfassenden Wandels unserer Gesellschaft in eine Informationsgesellschaft, einer Internationalisierung des Lebens, einer radikalen Veränderung in der Wirtschafts- und Arbeitswelt.

Mit dieser Entwicklung geht allerdings einher – wie sollte das anders sein? – ein tief greifendes Fragen: Wie kann ich in dieser Zeit leben? Wonach kann, soll und darf ich mich richten? Gibt es Wegweiser für das Leben, und wenn ja, welche gelten? Welche Werte führen zu einem sinnvollen Leben? Und wenn wir von Werten sprechen, geht es nicht um Geld und Gold, nicht um Sach- und Sachverhaltswerte, sondern um spezifisch menschliche Werte. Was sind spezifisch menschliche Werte? Darf ich etwas länger ausholen?

Sie sind auf einer Wanderung. Ihr Ziel ist ein bestimmter Dom. Sie haben ihn in einem Buch entdeckt und freuen sich darauf, dieses herrliche Kunstwerk kennenzulernen und zu erleben. Sie sind schon lange unterwegs. Irgendwann bemerken Sie, dass Sie sich verlaufen haben. Sie sind müde und setzen sich an den Wegrand. Zu allem Überfluss haben Sie sich zwei Blasen erwandert. Ihre gute Stimmung ist verflogen. Sie sind mürrisch, ärgern sich, dass Sie den Weg verfehlt haben. Sie bleiben einfach sitzen.

Irgendwann heben Sie den Kopf, schauen sich nach allen Seiten um – und siehe da: durch ein Gebüsch erblicken Sie ihn, den Turm „Ihres" ersehnten Bauwerks. Innerhalb von Sekunden stehen Sie auf. Sie kennen nun die Richtung und setzen sich in Marsch. Dass neben dem Dom ein feines Restaurant sein soll, beflügelt zusätzlich Ihren inzwischen raschen Schritt. Vergessen ist die Enttäuschung über Ihren scheinbar verfehlten Weg, vergessen sind die Blasen und die Müdigkeit. Sie lassen den Turm nicht mehr aus den Augen. Fast magisch zieht er Sie an. Dann stehen Sie in dem wunderbaren Dom. Sie lassen sich von seiner einmaligen Ausstrahlung gefangen nehmen. Sie sind angefüllt von seinem Geist. Sie staunen.

Die Werte, die ich auf meiner eigenen Wanderung durch das Leben fand und an die ich nun denke, sind wie jener Dom. Sie sind da. Ich muss sie nicht erfinden. Sie ziehen mich aus der Ferne an. Ich muss mich allerdings aufmachen, mich in Bewegung setzen, um sie zu finden und mich mit ihnen zu verbinden.

Ich fand zwei Arten menschlicher Werte: Ich nenne sie *Primärwerte* und *Sekundärwerte*. Die Sekundärwerte haben sich aus langen Erfahrungen gesellschaftlichen Zusammenlebens entwickelt. Solche Werte sind zum Beispiel Leistung, Fleiß, Zuverlässigkeit, Durchhaltevermögen, Pünktlichkeit, Ordentlichkeit, Sauberkeit, Höflichkeit, Toleranz. Sie haben für verschiedene Gesellschaften unterschiedliche Bedeutungen und können sich im Lauf der Zeit ändern. Manche dieser Werte spielen in der einen Gesellschaft überhaupt keine Rolle, andere dagegen gelten für mehrere Kulturen. Diese Werte sind, jedenfalls in unserer Kultur, gut und nützlich; wichtiger, ja lebensentscheidend sind jedoch die anderen, die Primärwerte – und von ihnen allein soll nun die Rede sein.

Die *Primärwerte* gehören zu unserer geistigen Ausstattung. Sie gehören zu uns und bleiben selbst dann in uns verwurzelt, wenn wir sie nicht leben, aus welchen Gründen auch immer. Sie machen unser Menschsein aus. Wir können zwar nicht selbstverständlich über sie verfügen, aber sie sind reale Möglichkeiten, reale Potenziale. An welche Werte ich konkret denke?

An Liebe, Freiheit, Verantwortung für sich und andere, Mut, Hoffnung, Vertrauen, Güte, Versöhnung, Wahrhaftigkeit, Echtheit, Offenheit, Geduld, Verlässlichkeit, Treue, Gerechtigkeit, Klarheit, Weisheit, Religiosität, Verständnis, Achtsamkeit, Gelassenheit, Leichtigkeit, Heiterkeit, Zärtlichkeit, Begeisterung, Kreativität. Nein, ich muss und kann auch nicht alle Werte dieser Art zu jeder Zeit leben. *Welche* ich jeweils leben sollte, hängt davon ab, wer ich bin, in welcher Situation, in welcher Zeit ich mich befinde und vor welchen Aufgaben ich stehe.

Was also sind spezifisch menschliche Werte? Sie sind erstens *allgemeine Leitlinien* zur Orientierung auf der Suche nach Sinn. Sie sind wie Bojen, die uns die Fahrrinnen unseres Lebens zeigen, damit wir nicht stranden. Spezifisch menschliche Werte sind zweitens *Energiezentren* mit hoher Anziehungskraft. Sie sind geistig-vitale Nährstoffe, entzünden in den wechselnden Situationen des Lebens unsere Motivation und ziehen uns zu den Zielen, die ein gelingendes Leben verbürgen. Mit anderen Worten: Alles, was einen Menschen motiviert, sinnvoll zu leben, ist ein spezifisch menschlicher Wert. Richtet er sich auf einen solchen Wert aus, zum Beispiel auf die Freiheit, denkt er sich, fühlt er sich, träumt er sich in die Freiheit ein, dann wird dieser Wert für ihn *attraktiv*.

Dann zieht die Freiheit ihn an.
Dann wird sie für ihn zum *Magneten*.
Dann beeinflusst und bestimmt sie sein Denken, Fühlen und Handeln.
Dann motiviert sie ihn zu Veränderungen.
Dann bewirkt sie in ihm *neue* Erfahrungen.

Werte sind also ein doppeltes: Gründe für *Sinnerkenntnis* und Gründe für *Sinnerfahrung*. Deshalb können wir sagen: Die Befindlichkeit eines Menschen hängt davon ab, was er im Leben findet, *welche Werte* er findet und davon, *ob* und *wie* er sie lebt. Deshalb gilt:

Wertleeres Leben erzeugt Sinnkrisen und, wenn sie andauern, Krankheiten an Körper und Seele. Wert- und deshalb sinnvolles Leben dagegen ist gelingendes Leben, fordert zur Weiterbildung der Persönlichkeit heraus und ist die wichtigste Voraussetzung zur Vorbeugung von Konflikten, Störungen und Erkrankungen.

Wie nun kann ich die Werte finden, die ich als Voraussetzung zu einem gelingenden Leben brauche – und wie verwirkliche ich sie?

Wie erkenne ich „meine" Werte und wie verwirkliche ich sie?

Ich wünschte, wir säßen einander gegenüber und könnten uns persönlich unterhalten. Denn Werte wollen nicht nur reflektiert und gedacht, sondern auch und vor allem *gefühlt* werden. So aber muss ich Ihnen die Praxis der Werterkenntnis und -verwirklichung theoretisch vorstellen. Ich werde mir jedoch Mühe geben, die Zusammenhänge so anschaulich wie möglich darzustellen. Also:

- Ich frage mich, wie ich mein Leben finde, so wie es jetzt verläuft. Bin ich zufrieden? Hin und wieder sogar glücklich? Stehe ich zu dem, wie mein Leben zurzeit verläuft?
  Um eine konkrete Antwort zu bekommen, sehe ich mich in meinen verschiedenen Lebensgebieten um: in der Familie, im Beruf, unter meinen Freunden, in meiner Beziehung zu anderen, in meiner Einstellung zum Land, zur Welt, zum Leben etc.

- Dabei geht mir möglicherweise auf, dass ich etwas *vermisse*, Äußerliches vielleicht auch, vor allem aber etwas Innerliches, und frage mich, was „es" sein könnte. Vielleicht ist da auch eine *Sehnsucht*, von der ich jedoch nicht weiß, welchen Namen sie hat.

- Finde ich nicht heraus, was ich konkret vermisse, gehe ich in die *Stille* und lasse meine Seele zu Wort kommen. Denn die Stille ist der „Ort", an dem die Seele sich das zu sagen traut, was sie im Stress der Tage für sich behält, also verschweigt.

- Ich kann auch meine *Träume* befragen. Denn Träume ergänzen unser Bewusstsein um das, was es nicht weiß. Sie sind unbestechliche Kritiker unserer Lebenshaltung und Lebensführung. Zugleich sind sie, wie manche Wünsche, *Lotsen* auf dem Weg zum Sinn.
  Wir können Träume wie Märchen lesen. Je häufiger wir uns mit ihnen beschäftigen, desto vertrauter werden sie uns. Und je vertrauter sie uns werden, desto leichter werden wir herausfinden, was uns fehlt und was wir brauchen.

- Ich kann mich auch an *kritische Äußerungen* wohlmeinender Mitmenschen erinnern. Und es kann sein, dass mehrere mir das Gleiche gesagt haben. Ob mich ihre Sätze nachdenklich stimmen?

- Dann geht mir möglicherweise auf, dass ich nicht frei genug bin, nicht genug Freiheit habe.

- Ich mache mir bewusst, wann und wo ich Freiheit nicht oder zu wenig lebe:
  vielleicht in der Beziehung zu meinem Partner, meiner Partnerin,
  vielleicht in der Auseinandersetzung mit den großen Kindern,
  vielleicht in der Beziehung zu meinen Arbeitskollegen,
  vielleicht und vor allem in mir selbst.

- Ich vergegenwärtige mir, welche konkreten *Folgen* dieser Mangel bislang hatte und wie er sich auf meine Stimmung auswirkt. Ich nehme wahr, dass ein Grauschleier über meiner Seele liegt, dass sie sich zusammengezogen hat, dass sich auch mein Körper zusammengezogen hat, dass ich nicht selbst mein Leben führe, sondern geführt werde, wohin ich nicht will. Ich nehme mir also Zeit, die Folgen des Mangels an Freiheit näher zu studieren. Soweit die „Analyse". Dann kommt die Wertorientierung:

- Ich frage mich: *Was ist Freiheit überhaupt?* Meine Antwort:
Freiheit ist mehr als ein Wort.
Freiheit gehört zu jedem Menschen, auch dann, wenn er sich ihrer nicht bewusst ist.
Freiheit ist etwas besonders Menschliches.
Freiheit erfahre ich nur innerhalb bestimmter Grenzen.
Freiheit ist die in jedem halbwegs gesunden Menschen vorhandene Möglichkeit, sich zu sich selbst und anderem Leben verhalten zu können.

Freiheit ist kein Trieb, sie stellt sich nicht von selbst ein.
Freiheit kann ich erahnen.
Die erahnte Freiheit kann ich mir näherkommen lassen.
Nach Freiheit kann ich mich sehnen.
Nach Freiheit kann ich mich ausrichten.
In die Freiheit kann ich mich ein-denken und ein-fühlen.

Freiheit ist auch mehr als ein Gefühl.
Freiheit kann ich konkret erleben.
Freiheit wartet auf mich.
Freiheit wird erst dann zur Freiheit, wenn ich auf sie zugehe.
Freiheit bestimmt die Qualität meines Lebens.

- Das alles höre ich mit Spannung und Aufmerksamkeit, zugleich kommt mir die bange Frage: *Und wie verwirkliche ich sie, die auf mich wartende Freiheit?* Nach einigem Nachdenken kommen mir Ideen:

- Wer zu begreifen begonnen hat, dass Freiheit eine der wesentlichen Voraussetzungen für gelingendes Leben ist, sollte zunächst darauf verzichten, ständig seine ihn selbst und seine Mitwelt störenden und nervenden *„Lieblingssätze"* gedanklich oder verbal abrollen zu lassen, zum Beispiel diese:
Ich und frei – dass ich nicht lache ...
Freiheit? Das ist doch nichts als eine Illusion.
Das Thema Freiheit überlassen wir doch lieber den Philosophen.

   Sätze solcher Art treiben einen Menschen im Lauf der Zeit dorthin, wohin er nicht will: in ein eingeengtes, mutloses, resigniertes Dasein. Sie sind eine Dauersuggestion und verfehlen allmählich ihre negative Wirkung nicht.

   Wie anders klingen und wirken dagegen diese Sätze:
Endlich frei sein – darauf hätte ich Lust!
Freiheit? Her mit ihr!
Ob ich das kann? Ich kann das!
Ich werd's der Welt schon zeigen!
Ich werd's vor allem mir selbst schon zeigen!
Was hindert mich eigentlich daran, frei zu sein?
Das bin ich allein schon meinen Kindern schuldig, ein freier Mensch zu sein.
Ich rieche schon den Duft der Freiheit ...

- Ob Sie einmal die Augen schließen, sich zur Ruhe kommen und sich Antworten auf die Frage einfallen lassen: *Was wäre, wenn ich freier wäre?* (Diese Übung nimmt reale Möglichkei-

ten als Vision vorweg. Sie hat sich in der Praxis als äußerst hilfreich erwiesen.) Mir kommen Einfälle wie diese:
Ich hätte weniger Angst.
Ich wäre nicht so gehemmt.
Ich wäre nicht so empfindlich.
Ich wäre sicherer.
Ich hätte mehr Selbstvertrauen.
Ich würde mehr auf Menschen zugehen.
Ich wäre versöhnter.
Ich würde Dinge tun, die ich bisher nicht getan habe.
Ich würde mehr lachen ...
Ich sähe mehr Gründe für Freude etc.
Sollten Sie sich tatsächlich auf diese Frage einlassen, würden Sie nicht nur deutlicher als bisher erkennen, was Ihnen fehlt – Sie würden auch die ersten *Wirkungen* Ihrer Einfälle erfahren.

- Worin könnten Sie ab jetzt schon freier sein? Vielleicht darin, dass Sie Ihrer Frau/Ihrem Mann endlich sagen, worüber Sie sich seit Wochen ärgern? Dass Sie Ihren Vorgesetzten nur dann anlächeln, wenn Ihnen danach ist? Dass Sie heute nach Dienstschluss nicht mehr (unwillig) im Garten arbeiten, sondern beide Beine auf den Tisch legen? Dass Sie sich nicht erst im kommenden Frühjahr, sondern (wenn Sie es finanziell können) schon morgen das attraktive Kleid/den verwegenen Hut kaufen, das oder den Sie schon seit Wochen im Schaufenster bewundern, dass Sie sich ab heute an jedem Abend zehn Minuten Zeit zum Nachdenken darüber nehmen, wem gegenüber Sie morgen nicht kapitulieren wollen, worin Sie frei sein möchten.

- Besonders tief erfährt ein Mensch die Freiheit, wenn er sie dort aufsucht, wo sie ihren Anfang nimmt: im Bereich des unbewussten Geistes.

Einem etwas gehemmten Mann empfahl ich, nachdem er sich entspannt und die Augen geschlossen hatte, den „gehemmten Peter" (seine eigene personifizierte Gehemmtheit) kommen zu lassen und ihn genau zu „studieren".
Ich frage ihn, wie er auf sich selbst wirkt. Trauer kommt in ihm auf, Schamgefühl, Unwilligkeit, dann auch Zorn auf sein Selbstmitleid.
Nachdem er das an sich hinreichend betrachtet hat, was er keineswegs fortsetzen will, empfehle ich ihm, den „freien Peter" (seine eigene personifizierte Freiheit) kommen zu lassen. Da sieht er einen strahlenden und selbstbewussten Peter, der ganz aufrecht dasteht und ihn liebevoll ansieht. Ein tiefes Glücksgefühl zieht in ihn ein.
Schließlich rate ich ihm, den freien Peter auf den gehemmten zugehen zu lassen. Und da geschieht es: Der freie legt seinen Arm um die Schulter des gehemmten. Daraufhin lösen sich dessen Hemmungen mehr und mehr auf, nicht ganz, aber weithin. Der freie Peter zieht sich zurück, während der einstmals gehemmte Peter im Mittelpunkt steht – nicht als Held, aber als reife Persönlichkeit, die weiß, wie sie gut leben kann.

Selbstverständlich wird ein wenig freier Mensch nicht durch eine Wertimagination zu einem Sinnbild der Freiheit. Doch je mehr er sich mit seiner personifizierten Freiheit verbindet, desto mehr schwinden Unsicherheit und Angst. Darum aber kommt niemand von uns herum: zu einem bestimmten Zeitpunkt den Wert, den er verstärkt leben möchte – wie zum Beispiel die Freiheit –, nicht mehr nur wahrzunehmen, sondern auch *wahr zu machen*. Denn: Freiheit ist kein Trieb!

Eine kleine Wertphilosophie des Unbewussten

Es gibt die sichtbare Welt – und die unsichtbare. Es gibt die äußere Realität – und die innere Wirklichkeit. Beide Welten gehören zusammen. Wer meint, der einen oder anderen Seite den Vorrang geben zu wollen, verkennt, dass nur beide zusammen die Einheit menschlichen Lebens bilden.

Nach dem Studium von inzwischen zirka 25.000 Wertimaginationen und weiteren mehreren tausend Traumanalysen bin ich zu der Überzeugung gelangt, dass es eine Reihe bestimmter Einstellungen und Verhaltensweisen gibt, die für jeden Menschen wertvoll sind, unabhängig von der Individualität, dem Typus, der Lebensgeschichte und der Kultur, unabhängig auch davon, ob sie ihm bewusst sind oder nicht. Diese Einstellungen und Verhaltensweisen sind ganz offensichtlich beides: wertvolle Leitlinien und zugleich Herausforderungen für ein authentisches und gelingendes Leben. Eine Auswahl dieser Leitlinien, die ich in meinem Buch „Unsere Tiefe ist hell. Wertimagination – ein Schlüssel zur inneren Welt" näher dargestellt habe, möchte ich Ihnen vorstellen:

1. In jedem Menschen lebt ein *ursprüngliches* Bild seiner selbst, das darauf wartet, gelebt zu werden. Wer dieses Bild erkennt, begreift, dass viel ungelebtes Leben darauf wartet, endlich leben zu dürfen.

2. Es ist wichtig, alten Verletzungen noch einmal zu begegnen und aus dem Abstand heraus zu ihnen Stellung zu beziehen. Zwar sind die Ereignisse bereits in dem Moment, in dem sie geschehen, vergangen, nicht aber die mit ihnen verbundenen Gefühle. Daher kommt es darauf an, vor allem zu den Verletzungen Stellung zu beziehen, die noch immer die Gegenwart belasten.

Nicht weniger wichtig ist, auch dem zu begegnen, was gut, rund und beglückend war, damit sich die damit verbundenen wertvollen Gefühle und Gefühlskräfte noch einmal vertiefen.

Selbst ein Mensch, der in Kindheit, Jugend oder späteren Jahren Schweres erlitten hat, muss nicht auf Dauer geschädigt bleiben. Denn „unter" den Verletzungen zeigen sich freie Räume mit starken Symbolen des Geliebt- und Angenommenseins, die nicht nur neue Hoffnung begründen, sondern auch Kräfte für ein gelingendes Leben wecken.

3. Nur wer gegenwärtig, also in der Zeit lebt, erfährt Sinn. Nur wer hier und heute Werte, Schätze, lebendiges Leben sucht, ist bei sich, kommt zu sich, lebt nicht mit sich im Widerspruch, denn allein die Gegenwart ist der „Ort", an dem der Mensch existiert.

4. Nicht die Gene, nicht die Erziehung, nicht die Umwelt, nicht die Zeit, in der wir leben, entscheiden primär darüber, wie unser Leben verläuft, sondern dies: ob wir das Leben in aller Ambivalenz bejahen oder nicht.

5. Es gibt kaum Befreienderes als das *Zulassen (subjektiv empfundener) Wahrheiten*, nicht nur der „negativen", auch der „positiven". Wer sich diesen Wahrheiten stellt, verdrängt sie nicht und spart viel Energie. Wer sie nicht verdrängt, spaltet sich nicht. Wer sich nicht spaltet, ist mit sich eins, kommt zu sich selbst, befreit den Geist auf seinem Weg zu den ihm entsprechenden Werten.

6. Die Seele duldet keinen Stress. In zahlreichen Wertimaginationen fordert sie die Imaginanden auf, vor Entscheidungen, Konflikten oder unübersichtlichen Situationen sich nicht zu Aktionen hinreißen zu lassen, sie empfiehlt vielmehr *Ruhe*. Zugleich hat die innere Welt viel Geduld. Sie hält uns ihre Botschaften so lange hin, bis wir uns ihrer angenommen haben. (Wir kennen die Geduld der Seele auch von Wiederholungsträumen, die uns so lange begegnen, bis wir begriffen haben, wozu sie uns herausfordern wollen.)

7. *Geduld* ist der Gegenpol zum Stress. Geduld ist nicht Trägheit, sondern bewusstes In-der-Zeit-Sein, ist aktives Warten darauf, bis sich neuer Sinn zeigt. Zwei Zitate veranschaulichen das: „Der Teufel fürchtet nichts mehr als die Geduld eines Menschen" (Hugo von Hofmannsthal). – „Geduld ist das Schwerste und das Einzige, was zu lernen sich lohnt. Alle Natur, alles Wachstum, aller Friede, alles Gedeihen und Schöne in der Welt beruht auf Geduld, braucht Zeit, braucht Stille, braucht Vertrauen, braucht den Glauben an langfristige Vorgänge ..." (Hermann Hesse).

8. Wer sein Leben selbst *führt*, erreicht seine Ziele. Wer sich führen lässt – von seinen Trieben oder seiner Umgebung –, wird oft dorthin geführt, wohin er nicht will. Wer mit Leib, Seele und Geist auf seine Ziele ausgerichtet bleibt, erlebt die Kraft, sie auch erreichen zu können.

9. Wer die *Mitte der Dinge* sucht, das Hauptsächliche, Wesentliche und Wichtige, erkennt deren Wesen, Wert und Sinn. Er wird zugleich in seinem eigenen Wert- und Sinngefühl berührt. Er gewinnt die Kraft, das jeweils Wichtige auch zu tun.

10. Wer sich nicht dem Leben aussetzt, den setzt das Leben aus. Wer vor den sich ihm zeigenden Lebensaufgaben zurückweicht, wird „kleiner" und verliert. Wer auf sie *zugeht* und sie zu lösen versucht, wird „größer" und gewinnt.

Wer wichtigen Lebensaufgaben ausweicht, weicht vor sich selbst aus. Wer vor sich selbst ausweicht, weicht vor seinen Begabungen und Herausforderungen aus und dem, wozu er persönlich Mensch geworden ist.

11. In jedem Menschen lebt ein tiefes Gefühl, dass sich sein Leben nur dann erfüllt, wenn er nicht nur sich selbst, sondern auch *anderes* Leben im Blick hat. Hat er auch anderes Leben im

Blick, dann weitet sich sein Horizont, dann erkennt er Werte, die er bislang nicht sah.

12. Sieht ein Mensch in der Not vor allem auf die verbliebenen *Möglichkeiten*, dann sieht er auf das vorhandene freie Leben. Dann wächst der Mut. Sieht er dagegen vor allem auf die durch die Not gesteckten Grenzen, dann sieht er auf die Widerstände. Dann schwindet der Mut.

13. Für die innere Welt ist *Einfachheit* sogar ein besonderer Wert. Ein Beispiel aus einer Wertimagination:

Man sitzt um einen großen Tisch und lässt sich viel Zeit für ein einfaches Mahl. Kinder spielen, und die Großen schauen ihnen lange dabei zu. Eine Indianerin spielt auf einer Flöte, deren Melodie über die nahe liegenden Berge zieht. Und die Umstehenden hören, hören, hören. Ein Weiser sitzt auf dem Gipfel eines Berges und schaut, schaut, schaut.

Einfach leben – nicht vieles wollen.
Einfach leben – sich von Überflüssigem verabschieden.
Einfach leben – all das loslassen, was eine Brutstätte für Sorgen sein könnte.
Einfach leben – das heißt auch: das Wesentliche und Wichtige denken, sagen und tun.
Einfach leben – und daher mehr Zeit haben – für sich, für andere, für das Leben. Sein ist wichtiger als Haben.

14. Nicht Aggression, sondern *Wohlwollen* kann Feindschaft überwinden. Die lebensfeindlichen Gestalten der inneren Welt warten darauf, dass sie von ihrem Hass gegen das Leben befreit werden. (Es ist schon seltsam, dass die viel geschmähte Forderung des Weisen aus Nazaret, man solle die Feinde lieben, durch die innere Welt eine tiefe Bestätigung erfährt.)

15. Es gibt einen Grundwert, das ist die *Liebe*: die Liebe zu sich, zu anderen und anderem. Denn aus Selbst-Sicht folgt Welt-Sicht. Wer Ja zu sich selbst sagt, fühlt das als Wert, was sein und auch anderer Leben fördert und sinnvoll macht.

16. Das *Zulassen des Scheiterns* kann letzter Ausdruck von Freiheit sein. Deshalb kann das Aufgeben des Widerstandes gegen die gegenwärtige Not die Bedingung für die Befreiung und damit der Beginn der Wende sein. Ich denke zum Beispiel an die verlorene Liebe oder die eine verpasste berufliche Chance.

17. In der inneren Welt wird viel gespielt. Das *Spiel* ist ein beglückendes Reservat in der oft so ernsten Alltagswelt, zum einen, weil es den Spielenden die Kindheit zurückbringt, zum anderen, weil sie, wie die Kinder, spielend in eine andere Zeit wechseln. Das hat Entlastung, Befreiung, Freude und Glück zur Folge.

18. Auffällig ist, dass nach vielen gelungenen inneren Wanderungen kräftig *gefeiert* wird: Man isst, trinkt, musiziert, tanzt und lacht. Dabei fällt auf, dass die Feste immer nur stattfinden, wenn es dafür auch Gründe gibt.

19. Es gibt keinen wirklichen *Halt im Leben*, keine wirkliche Überwindung der Lebensangst ohne die persönliche Erfahrung dessen, was die Seele von uns will. Dazu gehört, dass die im Innersten der Seele sich zeigenden Bilder uns deutlich machen: Wir sind – und sei es uns auch noch so unbewusst – von einer „größeren Wirklichkeit" – ich nenne sie Gott – geborgen. Wer diese Wirklichkeit erfährt, sagt Ja zum Leben und findet es wertvoll.

20. Was mich immer wieder neu in meiner Arbeit mit dem Unbewussten beeindruckt: Je mehr ein Mensch aus dem Land seiner Selbstentfremdung herauswandert und *sich selbst* entgegengeht, je mehr er sich den Werten zuwendet, die darauf warten, gelebt zu werden, desto deutlicher wird ihm, dass sein Innerstes nicht Aggression will, sondern *Versöhnung*, nicht Schweres, sondern Leichtes, nicht Zwiespalt, sondern Frieden – und dass es keine Illusion ist, diesen Wert mehr als bisher leben zu können.

Wege zum Glück

Wenn ein Mensch glücklich ist, ist er mit sich und der Welt im Einklang. Er ist mit sich eins. Er bejaht Leben. Er ist freundlich und gütig. Er hat eine beglückende Ausstrahlung. Andere fühlen sich in seiner Nähe wohl, blühen auf. Denn „durch die Freude wird der Sinn sesshaft, aber durch die Schwermut geht er ins Exil" (Rabbi Nachman). Deshalb verbindet Menschen wahrscheinlich nichts mehr als die Sehnsucht nach diesem großartigen Gefühl. Schauen Sie sich nur die Regale in den Buchhandlungen an, die voll sind mit Literatur zu unserem Thema!

Der Begriff „Glück" taucht zum ersten Mal in der Antike bei Platon, Aristoteles und Seneca auf (eudaimonia, beatitudo). Sie und viele nachfolgende Philosophen waren sich darin einig, dass die Erfahrung von Glück das höchste Gut des Menschen sei. Einig waren sie sich auch darin – und das ist ein ganz wichtiger Punkt! –, dass Glück *mehr* sei als ein Hochgefühl, nämlich „eine *Balance* zwischen glücklichen und unglücklichen Erfahrungen", also eine Haltung, die die Widersprüche und Gegensätze des Lebens *umfasst* und daher „ein grundlegendes Einverständnis mit *allem*, was geschieht, bedeutet" (Wilhelm Schmid). Von Beginn an gingen jedoch die Ansichten der Philosophen darüber auseinander, was Glück konkret sei und wie man zu ihm gelange.

Da wir jedoch, um uns verständigen zu können, eine Definition für Glück brauchen, sage ich Ihnen diese – und Sie werden sehen, dass sie dem Verständnis der alten Philosophen sehr nahe kommt: *Glück ist das Erleben eines Menschen, die Situation, in der er sich befindet, voll bejahen zu können und nirgendwo anders sein zu wollen.* Und weil das Leben polar strukturiert ist, füge ich im Sinne der alten Philosophen hinzu: Der findet am meisten Glück, der es in hellen *und* in dunklen Gefilden sucht, in seiner eigenen Seele *und* in der Welt, nicht nur in der Jugend und in mittleren Jahren, sondern *auch* im Alter.

Wie nun komme ich dazu, Glück erfahren zu können? Bevor ich darauf einige Antworten zu geben versuche, möchte ich zwei Gedanken, denen ich immer wieder begegne, zurechtrücken:

Erstens: Man kann nicht direkt nach Glück streben, man kann nur nach Gründen und Wegen für und zum Glück suchen. Denn das Glück selbst ist eine Wirkung von etwas anderem. Wenn ein *Grund* zum Glücklichsein da ist, kann es sich einstellen. Es gibt zwar keine verbindlichen Rezepte, die uns sicher zu den Schlössern des Glücks brächten, wohl aber bestimmte Wege. Das haben wir bereits von *Mythen, Märchen und Träumen* gelernt, die bekanntlich die Weisheit der Völker widerspiegeln.

Zweitens: Niemand kann *immer* glücklich sein. Wer das behauptet, verkennt die Tatsache, dass unser Leben polar strukturiert ist, also zwei Seiten hat. Und weil das so ist, ist es bunt, bewegt und spannend. Das gilt – wie sollte es auch anders sein – sogar für Menschen, die zu den großen Weisen der Weltgeschichte gehören: So sagte kein Geringerer als Goethe am 27. Januar 1824 in einem Gespräch mit seinem Sekretär Eckermann: „Man hat mich immer als einen vom Glück besonders Begünstigten gepriesen. Auch will ich mich nicht beklagen und den Gang meines Lebens nicht schelten. Allein im Grunde ist es nichts als Mühe und Arbeit gewesen, und ich kann wohl sagen, dass ich in meinen 75 Jahren keine vier Wochen eigentliches Behagen gehabt habe. Es war das ewige Wälzen eines Steins, der immer von Neuem gehoben werden wollte." Hätte man Goethe allerdings gefragt, ob denn sein Leben trotzdem Sinn gehabt habe, so hätte er mit Sicherheit diese Frage bejaht. Denn das, wonach wir uns am meisten *sehnen*, mag Glück sein, das aber, was wir am meisten *brauchen*, ist Sinn. Von sinnerfüllten Menschen aber wissen wir, dass sie oft genug Sinn und Glück nicht mehr unterscheiden können. Deshalb liegt mir daran, in der Beschreibung der Wege zum Glück die Nähe zu den Wegen zum Sinn im Auge zu behalten. Nun also: zehn Wege zum Glück!

1. Sich selbst erkennen

„Das Geheimnis des Glücks, nach dem jede Seele strebt, beruht auf der Kenntnis unserer selbst" (Hazrat Inavat Khan). Viele Zeitgenossen sind der Auffassung, sie würden glücklich, wenn sie wohlhabend und daher wirtschaftlich unabhängig, wenn sie berühmt, bekannt und anerkannt, wenn sie gesund und frei wären von dem, was sie üblicherweise bedrängt oder bedrückt. Es wäre töricht, wollte man so tun, als ob diese Vorzüge das Glück nicht begünstigen könnten. Und doch: Wenn nicht in uns *selbst* das Leben fließt, wenn sich die Seele nicht immer wieder erneuert, verändert, weiter und tiefer wird, stellt es sich auf Dauer nicht ein. Darum ist es wichtig, sich so gut wie möglich kennenzulernen.

Denn nur dann können wir wissen, was zu uns und einem uns gelingenden Leben gehört.

Ich kann Sie zu diesem Unternehmen nur ermuntern, denn, so hat es C. G. Jung einmal gesagt, Selbsterkenntnis sei ein Abenteuer, das in unerwartete Weiten und Tiefen führe.

Was sollten wir zunächst von uns kennenlernen? Zum Beispiel dieses:

- Den Strom der Familie, aus dem wir stammen, denn wenn wir ihn erkennen, können wir uns entscheiden, ob wir ihn fortsetzen wollen oder nicht.
- Die Zusammenhänge unseres bisherigen Lebens, denn wenn wir sie entdecken, entwickelt sich ein Zusammenhang auch in uns.
- Die in uns ablaufenden Gefühle, die hellen ebenso wie die dunklen, denn sie sind nicht nur, wie man oft harmlos meint,

Stimmungen, sondern Kräfte, die unser Lebensgefühl bestimmen.
- Die Wünsche, die dunklen und die hellen, denn sie zeigen an, was uns gefährden und was uns beglücken könnte.
- Die eigenen Grenzen, denn wer sie kennt, kennt den Raum der Freiheit, der ihm zur Verfügung steht. „Glück heißt, seine Grenzen kennen und sie lieben" (Romain Rolland).
- Die verborgenen Begabungen, denn wer davon weiß, sieht, womit er sorgsam umzugehen hat.
- Das Problem, unter dem wir am meisten leiden, jene Giftquelle also, die unsere Wege zum Glück stört, wenn nicht zerstört. Wir sollten sie kennen.

Sich selbst kennenlernen:

- im Gespräch mit guten *Freunden* (gute Freunde sind solche, die uns sowohl Angenehmes als auch Unangenehmes sagen mögen).
- in der *Stille*, wenn die verborgene Seele zu sprechen beginnt, in der *Meditation*, im *Gebet*.
- Sich selbst kennenlernen, das heißt auch und im Besonderen, die inneren *Bilder* kennenzulernen, zum Beispiel in Märchen, Träumen und Wertimaginationen. Denn die Bilder, die sich darin zeigen, sind die *Sprache* der Seele.

2. Den eigenen Weg gehen

Je tiefer Sie sich kennenlernen, desto mehr wird Ihnen daran liegen, Ihren eigenen Weg zu gehen. Und beginnen Sie *diesen* Weg, wird sich Ihr Leben verändern. Denn wenn Sie Ihren eigenen Weg gehen, dann ...
... gehen Sie nicht die Wege der anderen.
... folgen Sie nicht fremden Wünschen und Vorstellungen.

... hören Sie auf Ihre eigene innere Stimme.
... hören Sie nicht auf fremde Stimmen.
... sind Sie nicht gespalten.
... sind Sie mit sich eins.
... stehen Sie zu sich selbst.
... sind Sie sich selbst ein Freund.
... fangen Sie an, sich und andere zu lieben.
... werden Sie freier vom Urteil der Menschen.
... wagen Sie zu sagen, was Sie denken.
... wagen Sie zu tun, was Sie sagen.
... weichen Sie weniger aus und entwickeln Stehvermögen.
... werden Ihre inneren Schatten schmaler.
... schieben Sie weniger von sich auf andere.
... werden Sie in Ihren Entscheidungen klarer.
... werden Sie sich selbst treuer.
... vertrauen Sie sich selbst und trauen auch anderen mehr zu.
... sagen Sie Ja zum Leben.
... leben Sie mitten im Leben.
... schöpfen Sie Ihr Leben aus.
... sagen Sie Ja auch zum Tod.

Ist das nicht zu schön, um wahr zu sein? Ist dieser Weg nicht eine Illusion? „Keine Revolution" (auch die kleine, die persönliche), hat Max Frisch einmal gesagt, „hat je die Hoffnung derer, die sie gemacht haben, vollkommen erfüllt." Sollte das aber bedeuten, dieses großartige Vorhaben erst gar nicht beginnen zu sollen?

3. Sich für das Glück draußen öffnen

Die Engländer und Franzosen unterscheiden – wir tun das nicht – zwischen einem glücklichen *Zufall* und einem glücklichen *Erleben*. Die einzige Voraussetzung für Erfahrung von Zufällen ist *Offenheit* dem Leben gegenüber, die Bereitschaft also, in dieser grau gewordenen Welt immer wieder neu auf die bunten Perlen zu achten, und auch auf jene, die im Staube liegen.

Woran ich denke? Zum Beispiel

- an das nicht befohlene charmante Lächeln der Kassiererin im Supermarkt;
- an den jungen Mann, der uns die Tür geöffnet hält;
- an den freundlichen Brief von der Behörde;
- an die alte Frau, deren Augen noch immer – vielleicht schöner denn je – leuchten;
- an den bisher nur brummigen Nachbarn, der plötzlich redselig wird;
- ja, auch an die wunderschönen Wolkenspiele am Himmel und so weiter.

Und was habe ich davon, wird jemand, vielleicht verbittert, fragen? Nichts. Sie haben davon nichts. Aber Sie *sind*, wenngleich nur für kurze Zeit, ein veränderter Mensch, wärmer, staunender – und glücklicher.

4. Erfolgreich sein – aber anders

Es ist bekannt, dass in unserer Zeit „Erfolg" auf der Skala der Wertehierarchie ganz oben steht. Dagegen wäre nichts einzuwenden, wenn wir mit „Erfolg" nicht nur die berufliche Karriere und/oder den wirtschaftlichen Wohlstand meinten, sondern auch dessen *andere* Seite, die für viele Zeitgenossen weltfremd zu sein scheint. Ralph Waldo Emerson, ein amerikanischer Philosoph und Dichter, hat sie so beschrieben:

„Erfolg ist: Oft lachen und lieben. Den Respekt intelligenter Menschen gewinnen und die Liebe von Kindern. Von anerkannten Kritikern anerkannt werden. Dankbar sein für die Schönheit. Sich selbst verschenken. Die Welt ein bisschen besser zurücklassen, sei es durch ein fröhliches Kind, ein kleines Stück Garten oder die grandiose Lösung einer großen Not.

Mit Begeisterung gespielt und gesungen haben. Zu wissen: Es gab wenigstens einen einzigen Menschen auf dieser Welt, der leichter atmen konnte, nur weil du gelebt hast."

Das wäre die andere Seite von Erfolg.

5. Vieles leichter nehmen

Das war ein herrlicher Abend! In einem heiteren Gespräch mit Studenten kamen wir auf die Idee, uns – in der Vorstellung – auf die Empore des Himmels zu begeben, uns über das große Geländer zu beugen und von dieser höchsten Warte aus das Treiben der Menschen auf ihrem leuchtenden Stern anzusehen.

Da „sahen" wir Menschen, die einander wütend gegenüberstanden und sich wegen Geld stritten. Andere hatten sich in ihre Wohnung zurückgezogen aus Angst vor anderen. Wieder andere langweilten sich in einer Bar am Strand eines blauen Meeres. Einige blickten von morgens bis abends in ein Buch, obwohl nach langen dunklen Wochen die Sonne wieder schien. Wir konnten uns nicht sattsehen an den kuriosen Verhaltensweisen unserer Artgenossen.

Dann wurden wir still, denn ein Student hatte da unten auf der Erde plötzlich sich selbst entdeckt. Er befand sich auf dem Weg zu einer Prüfung, den Kopf gesenkt, die Aktentasche verkrampft unter dem Arm haltend, um ihn herum buntes, treibendes Leben.

Es schien ihm, als hinge vom Erfolg oder Nichterfolg der Prüfung sein ganzes Leben ab. Dann begann er zu lachen. Er konnte sich kaum beruhigen. Schließlich sah er jeden von uns auf seltsame Weise an. Er hatte offensichtlich etwas ganz Wichtiges begriffen. Dann sahen auch wir anderen auf unser irdisches Dasein. Und auch wir sahen zunächst nur auf schwierig erscheinende Situationen. Doch von höchster Warte aus betrachtet, wirkten auch sie ausschließlich komisch.

Vieles im Leben leichter zu nehmen, das wär's. Die lieblose Bemerkung des Partners, den Neid des Kollegen, den kalt abgefassten Behördenbrief, die ungefährliche Krankheit und vieles andere mehr. Der Grund, diese und andere Dinge leichter zu nehmen? Weil sie nicht so wichtig sind. Weil es Wichtigeres gibt als sie. Weil sie, wenn wir sie zu ernst nehmen, das *Leben* verdunkeln. Weil sie in der Wertehierarchie einen ganz unbedeutenden Platz einnehmen.

Wenn ich mich frage: „Ist ‚das' so wichtig?", stelle ich zugleich die Frage nach dem *Wichtigeren*, also danach, worauf es wirklich ankommt. Allerdings wird nur der von dieser Frage auf Dauer profitieren, der sie so einübt, dass sie zum festen Bestandteil seines Denkens, Fühlens und Handelns wird.

6. Den Lebenskünstler suchen

Es gibt in jedem Menschen eine Seite, von der viele Menschen nichts wissen, weil sie verborgen in ihnen schlummert. Ich nenne sie Lebenskunst. Und wie alle menschlichen Eigenschaften kann auch sie sich in Träumen und Wertimaginationen in *Gestalten* zeigen. In Wertimaginationen zeigt sie sich als Lebenskünstler. Und kaum eine innere Gestalt weiß so viel von den Wegen zum Glück wie er.

Er gehört zu den besonders sympathischen Gestalten der inneren Welt. Er ist die Symbolisierung humorvoller Weisheit. Er ist gelassen. Er ist heiter, jedoch nicht ohne Tiefe. Er nimmt die Dinge des Lebens ernst, sich selbst jedoch nicht allzu ernst. Auf charmante Weise gibt er praktische und tiefsinnige Anregungen, dem Leben das jeweils Beste abzugewinnen. Einige der Empfehlungen des Lebenskünstlers gebe ich hier wieder: „Such die Schätze nicht in der Ferne. Such sie hier und heute und an dem

Ort, an dem sie sich gerade befinden. Fixier dich nicht auf deine Probleme. Schau sie dir an, dann geh weiter. Denn je mehr du dich auf das fixierst, was dich behindert, desto mehr entfernst du dich von dem, was du in Wahrheit willst. Bist du in einer schwierigen Situation, lass dich nicht von tragischen Gefühlen eingarnen, sondern such danach, dein Problem auch von einem anderen, bekömmlicheren Standort aus zu betrachten." Der Lebenskünstler bestätigt in vielen Variationen, was C. G. Jung einmal sinngemäß so gesagt hat: Die Welt sei reich genug, dass jeder (!) ausreichend Gründe für ein beglückendes Leben finden könne.

Wie man außer Träumen und Wertimaginationen Zugang zu ihm finden kann? Zunächst ist es wichtig, sich darauf zu besinnen, *dass* diese Seite tatsächlich in uns ist und unser Lebenskünstler darauf wartet, sich zeigen zu dürfen. Dann kann ein innerer Dialog beginnen:

Nehmen wir an, Sie haben ein Problem mit einem bestimmten Menschen, zum Beispiel mit Ihrem Partner. Hören Sie zunächst bewusst auf das, was die *lebensverneinende* Stimme in Ihnen dazu sagt. Sie werden rasch bemerken, dass Ihnen die Schwierigkeit, um die es geht, bald noch unangenehmer vorkommt als bisher. Ihre dunklen Gefühle nehmen zu. Ihre Gedanken kreisen nur noch um das, was Ihre Stimmung trübt.

Dann wenden Sie sich bewusst Ihrem *Lebenskünstler* zu. Er äußert sich nicht gleich. Sie müssen sich schon auf ihn ausrichten. Was sagt *er* Ihnen zur Bewältigung des Problems? Er stellt Ihnen einige einfache, manchmal auch zart spöttische Fragen, zum Beispiel diese: Meinst du, dass dieses Problem dich an den Rand der Verzweiflung bringen könnte? Wenn du nicht einen so leeren Magen hättest, würdest du dich dann auch so aufregen? Kann es sein, dass du tragisch zu werden beginnst? Kann es sein, dass du dein Problem auch von einer *anderen* Seite beleuchten könntest? Meinst du, dein Problem sei es wert, sich mit ihm den ganzen Tag zu beschäftigen? Glaubst du etwa, dass du keine Lösung finden wirst? Es kann auch sein, dass er Ihnen, wenn Sie sich ihm zuwenden, nur ein *Gefühl* der Leichtigkeit vermittelt und Sie darüber zu staunen beginnen, dass Sie sich von dem Problem so haben stören lassen.

7. Das Kind in sich leben lassen

Die Schriftstellerin Christiane Singer sagt in ihrem leidenschaftlich geschriebenen Buch „Zeiten des Lebens": „Die berühmten Worte Jesu: ‚Wenn ihr nicht werdet wie die Kinder, so werdet ihr nicht eingehen in das Himmelreich' sind alles andere als ein liebergottsüßliches Lob niedlicher Unschuld, sondern unmissverständlich und klar." Deshalb gilt: „Was der Mensch ganz zu Anbeginn gewesen ist, ohne es bewusst gewollt zu haben, ist auch das, was er … am Ende wieder werden kann (und soll)."

Was ist denn das Wesen des Kindes? Mir fallen Worte ein wie Unverfälschtheit, Selbstvergessenheit, Reinheit, Offenheit, Staunen, Ungebrochenheit, Klarheit, Unschuld, Unmittelbarkeit, Neugier, Spontaneität, Lust, Glück. Und nicht frei von Wehmut frage ich mich, warum nur diese menschlichen Juwelen bei uns Erwachsenen so viel Schaden nehmen. Und doch: Wenn wir uns der Tiefe unserer eigenen Seele nähern, können wir in Wertimaginationen dem „heilen inneren Kind" begegnen, und zwar als Personifizierung der ungebrochenen Lebenskräfte, also dem Wichtigsten, wonach wir uns sehnen: Lebensbejahung, Lebensfreude, Liebe zum Leben.

Doch um glücklich zu werden, bedarf es keiner Wertimagination. Sie könnten ihm auch begegnen, wenn Sie sich dann und wann darauf einließen, was Sie als Kind am liebsten getan haben oder getan hätten oder wieder einmal tun würden:

Manchmal spielen, manchmal „Unvernünftiges" tun, sich manchmal gehen lassen, manchmal nur in den Tag hineinträumen, über vieles staunen, oft sagen, was Sie denken, sich nach einem Streit rasch wieder versöhnen, mehr als bisher wünschen, wonach Ihnen verlangt, Freunde suchen, sich selbst wie einen Freund behandeln, weniger kontrolliert, mehr spontan sein, neugierig sein, alle Sinne gebrauchen, in menschlichen Dingen weniger auf den Verstand, mehr auf das Gefühl hören, den Spuren der Freude folgen.

8. Dankbar sein

Zu den in dieser Zeit scheinbar wenig attraktiven Werten gehört die Dankbarkeit. In Märchen dagegen spielt sie eine große Rolle: Sie sagen, dass der Undankbare *am Glück vorbei-*, der Dankbare dagegen *mitten ins Glück hineingeht*. Was ist Dankbarkeit?

Sie ist die *Folge* des Nachdenkens über gehaltvolles, sinnerfülltes Leben, das ein Mensch in den wechselnden Situationen erleben durfte. Dankbarkeit ist darüber hinaus die gefühlte Erkenntnis, dass nicht alles, was wir an Erfreulichem erleben, von uns abhängt, dass nicht nur wir selbst auf unser Leben Einfluss nehmen, sondern es auch auf uns Einfluss nimmt.

Ein dankbarer Mensch sagt Ja zum Leben. Er ist erfüllt von den *Gründen* seiner Dankbarkeit. Es ist warm in ihm. Er ist mit sich eins. Er hadert nicht. Er kritisiert nicht ständig. Er ist dem Leben gegenüber offen. Vor allem aber entwickelt er zunehmend einen Blick für die liebenswerten Seiten seiner Tage. Er gewinnt eine positive Suchhaltung gegenüber dem, was auf ihn zukommt. Er gewinnt darüber hinaus Kraft, auch die sogenannten „undankbaren" Dinge gelassener hinzunehmen. Er kann sie als festen Bestandteil seines Lebens zu sehen lernen. Dankbarkeit ist deshalb höchste Lebenskunst.

Es gibt Menschen, die sich an jedem Abend vergegenwärtigen, was sie während des Tages an Gutem erlebt haben. Dabei denken sie keineswegs nur an große Ereignisse oder Begegnungen, denn die gibt es bekanntlich nicht so häufig. Sie denken eher an Freundlichkeiten, Überraschungen, angenehme „Zufälligkeiten" oder sinnvolle Handlungen. Und diese Dinge, die für den, der offen durch den Tag geht, gar nicht selten sind, können seine Einstellung zum Leben auf gute Weise verändern.

9. Gott fühlen bringt Glück

Seitdem ich durch mehrere tausend Wertimaginationen erfahren habe, dass am Grunde *jeder* menschlichen Seele Bilder vom Dasein Gottes darauf warten, sich zeigen zu dürfen, rede ich als Psychotherapeut mehr als bisher über Gott. Und so sage ich heute:

Menschen, die Gott fühlen, können glücklich sein. Wenn ein Mensch Gott fühlt, erlebt er etwas, das für ihn mit keinem Erlebnis vergleichbar ist. Daher fühlt er sich auch selbst so wie in keiner anderen Situation. Das ist so, weil Gott selbst mit nichts im Leben vergleichbar ist. Wenn ich trotzdem nach einem Vergleich suche, dann finde ich ihn am ehesten im Gefühl eines Kindes, das auf dem Schoß der Mutter sitzt und sich geborgen fühlt – und nichts, aber auch gar nichts anderes braucht und will und wünscht als diese Gegenwart und Nähe, diese eine Hauptsache.

Wenn ein Mensch Gott fühlt, erlebt er sich abhängig wie sonst nie im Leben – und doch zugleich frei wie sonst nie. Er fühlt, dass gerade sein totales Angewiesensein auf ihn ihm jene Unabhängigkeit in seiner Welt verschafft, nach der er sich so lange sehnte. Ein kurzes wertimaginatives Beispiel:

Eine Frau, allergisch gegenüber allem, was mit Religion, Kirche oder Theologie zu tun hat, sieht ein großes warmes Licht auf sich zukommen. Ein solches Licht hat sie noch nie gesehen. Einen Augenblick lang spürt sie Angst. Dann weicht die Angst einem anderen, fremden Gefühl, das sie nicht näher beschreiben kann. „Irgendwie ist das eine unbeschreibliche Geborgenheit." Dieses Gefühl verdichtet sich noch, als sich aus dem Licht zwei große Hände herausschälen, in deren Mitte sie sich plötzlich wiederfindet. „Das ist ja irgendwie göttlich", höre ich sie leise flüstern. Und später, als ich ihr sage, sie könne bald die Augen wieder öffnen: „Nein, das will ich eigentlich nicht. Das hier ist ja ganz wunderbar."

10. Gibt es Glück auch in der Not?

Kann es auch Glück geben, wenn ein Mensch in Not geraten ist, wenn er zum Beispiel schwer erkrankt ist, wenn ihn sein Partner verlassen hat, wenn er von anderen über lange Zeit diffamiert wird, wenn er sozial oder wirtschaftlich keinen Ausweg mehr weiß? Ja, auch dann, wahrscheinlich nur selten das helle, eher das „dunkle", das leise, aber doch das Glück. Und wie ist das möglich?

Ich denke an zwei Menschen, die in Not geraten waren. Der eine, ein Mann, war schwer depressiv. Alle angebotenen Hilfen schienen wirkungslos. Da berichtete er von einem Traum, der ihn zur Zeit des Erlebens beglückte und ihn darüber hinaus freundlich begleitete. Der Traum: Äußerst angestrengt steigt er in dunkler Nacht einen Berg hinauf. Er hat große Mühe, den Weg zum Gipfel zu schaffen. Da hört er hinter sich Geräusche. Er glaubt, dass jemand ihn verfolge. Mit letzter Kraft gelingt ihm der Aufstieg. Kaum angekommen, bemerkt er, dass der Verfolger ihn gleich erreichen wird.

Doch da erkennt er, dass von seinem Gipfel aus sein Blick auf weitere, weit höher gelegene Gipfel frei wird. Und von jedem dieser Gipfel leuchten ihm wunderschöne inkafarbene Bilder entgegen, die sofort seinen Blick magisch anziehen. Er vergisst den Feind. Seine düstere Stimmung ist wie weggeblasen.

Das zweite Beispiel: Eine Frau, die unter ärmlichen Verhältnissen in einer kleinen Einzimmerwohnung isoliert von der Welt ihr Dasein fristete, rief mich eines Morgens an und „musste" mir „unbedingt" erzählen, was geschehen war: Sie war in der Nacht zuvor wach geworden und hatte ein unbeschreiblich schönes Licht gesehen. Nur das, nichts anderes. Doch geradezu eine Glücksflut hatte sich ihrer bemächtigt. Auch dieses Gefühl hielt eine gewisse Zeit an.

Wer das oder Ähnliches erlebt, weiß nicht, was in ihm vorgeht, aber er ist dessen gewiss, dass das, was diese Wohltat in ihm bewirkt, größer ist als das, was ihn zu zerstören drohte.

Waren es die Selbstheilungskräfte der Seele, war es einer der Träume, die der Himmel manchmal schenkt? Jedenfalls erleben in Not geratene Menschen in Träumen oder Imaginationen immer wieder heilende und beglückende Bilder, die ihnen, wenn auch manchmal nur für kurze Zeit, Abstand zu ihrer Not verschaffen.

Was hilft noch, Glück auch in der Not erfahren zu können, wenn vielleicht auch nur das „dunkle"? *Die Vermeidung der Fixierung auf die Not.* Das wird am Beginn des Leidens kaum zu verhindern sein. Doch irgendwann wird das wichtig werden: Im Lauf der Zeit über die Not hinauszusehen auf das, was auch da ist und darauf wartet, angesehen zu werden, zum Beispiel der Partner, die Kinder, die Freunde, die „Welt" mit ihren aufregenden Entwicklungen. Wie man das „macht"?

Entscheidend ist die Frage, was künftig das Leben bestimmen soll: das *Nein* zu dem in der Tat schwieriger gewordenen Leben oder das Ja *trotz* dieses Lebens. Ob das schwer zu lernen ist oder leicht? Das hängt davon ab, ob ein Mensch im Lauf der Zeit das begreift: dass zwar die körperlichen und sozialen Bedingungen das Leben *beeinflussen,* doch die *Einstellung* die Qualität der Tage.

Schließlich: Weil Leben im Spannungsfeld der Polaritäten stattfindet, wird ein nachdenklicher Mensch mitten im Leben dann und wann an den Tod denken und daran, wie er sich darauf vorbereiten könne. Das Gleiche gilt, denke ich, auch im Blick auf das Leiden. Nein, nicht darum geht es, dass wir ständig daran denken, nur dann und wann. Auch nicht selbstquälerisch, sondern gelassen und danach Ausschau haltend, wie es möglich sei, sich angesichts möglicher Not Freiräume bewahren zu können, sodass wir zwar Not haben, nicht aber die Not uns hat.

Ob wir es wollen oder nicht: Wer auf Dauer sinnvoll, vielleicht sogar glücklich leben möchte, kommt nicht umhin, Ausschau zu halten nach den Quellen der Freiheit, des Mutes und der Liebe, denn sie sind die Säulen, die auch dann ein Leben tragen, wenn andere uns nicht mehr tragen können.

Zum Schluss

Was wäre also ein glückliches Leben?

Das, was ist, was war und was kommt, *anzunehmen*. In allem nicht irgendein, sondern *mein* Leben zu sehen. In allem, was mir begegnet, Sinn zu suchen. Das wäre glückliches Leben: vor nichts mehr auszuweichen, nicht ständig woanders als hier und jetzt sein zu wollen, hier und heute die Freude über die *Lebendigkeit* des Lebens zuzulassen.

Was wäre die Alternative zu dieser Art zu leben? Alles, was nicht meinen Vorstellungen entspricht, auszugrenzen, abzusondern, auszuscheiden, wegzuwerfen.

Was wäre noch zu sagen? Ich sage es mit Rilke: „Vergessen Sie eines nicht: Das Leben ist eine Herrlichkeit!"

Wege zur Versöhnung

Es gehört zu den größten Rätseln menschlichen Lebens, dass *„zwei* Seelen, ach, in meiner Brust wohnen" (Goethe). Die eine will Frieden, die andere Störung, wenn nicht Zerstörung. Davon sprechen die Märchen, die bekanntlich Erfahrungen unserer Seele widerspiegeln. Davon sprechen die Träume und Imaginationen. Davon sprach kein Geringerer als der alternde Sigmund Freud, der in seinem Buch „Das Unbehagen in der Kultur" von den beiden Giganten des Lebens sprach, dem *Lebenstrieb* und dem *Todestrieb,* davon spricht vor allem das reale Leben.

Was da einerseits draußen in der Welt geschieht und ebenso in der Welt da drinnen, in unseren Seelen – ist oft genug frei von jeder Vernunft, grenzt oft genug an Wahnsinn, ist manchmal Wahnsinn. Ersparen Sie mir, Beispiele zu nennen. Doch was da andererseits geschieht an gelebter Liebes- und Friedensfähigkeit, ist nicht weniger erstaunlich. Für unser Thema ist nun von besonderer Bedeutung, dass sowohl die Liebe als auch der Hass *unteilbare* Gefühle sind. Was heißt das?

Wenn ich auf Dauer gegen einen Menschen Groll hege, gegen ihn wüte oder ihn hasse, fühlt nicht nur der andere meine Aggression, sondern ich selbst auch. Wenn auf Dauer Groll, Wut, Hass, also Ablehnung und Aggressivität meine Seele besetzen, gefangen halten, ausfüllen, dann schädige ich nicht nur den anderen, dann verspannt sich auch meine eigene Seele, dann wird sie grau, weil sie nur noch um das „Objekt" ihrer Ablehnung kreist. Dann verliert sie die Freude am Leben, dann kommt ihr die Zuversicht abhanden, dann vermindert sich das Sinngefühl, dann leidet auch das Immunsystem, dann wird sie immer mehr vergiftet, dann leidet der ganze Organismus, dann kann es zu psychosomatischen Störungen kommen, dann leidet der ganze Mensch.

Mit Grausen denke ich noch heute an bestimmte Feste, die, als ich ein Kind war, in unserem Hause stattfanden und an denen längst ergraute Verwandte eindrucksvoll demonstrierten, dass sie noch immer nicht die Erbschaftsstreitereien von einst vergessen hatten. Schon als Kind fand ich diese Art des Umgangs mit Leben schlimm.

Wenn ich mich dagegen mit einem Menschen wieder versöhne, ihm wieder mein Wohlwollen schenke, ihn achte, respektiere, ihm freundlich bin, dann erfahre ich selbst wieder Achtung und Selbstachtung, dann respektiere ich mich selbst, dann spüre ich, wie sich Freundlichkeit in mir selbst ausbreitet, dann fällt es mir leicht, mich und das Leben gut zu finden. Dass wir die Möglichkeit haben, nicht nur für uns, sondern auch gegen uns selbst, gegen andere und das Leben überhaupt zu sein, durchzieht alle Gesellschaftskreise, betrifft die Jungen wie die Alten, die Gebildeten wie die weniger Gebildeten. Sie ist ein menschliches Phänomen schlechthin.

Ist das unser *Schicksal*, dass wir oft genug das Gute wollen, doch das andere tun? Ist das ein Lebensgesetz? Müssen wir so bleiben? Ja und nein, aber auch nein! Dass Versöhnung möglich ist, viel mehr als bisher, dass Menschen ihre Seelen zerschneidenden aggressiven Gefühle überwinden können – wenn sie es denn wollen –, das möchte ich Ihnen jetzt zeigen.

Was ich jetzt nicht möchte:

- Ich möchte nicht über Situationen sprechen, in denen Menschen einen Streit entfachen und rasch wieder begraben. Ein solcher Streit ist normal, wenn es normal ist, dass alles Leben zwischen den Polen Liebe und Aggressivität ausgebreitet ist.
- Ich möchte auch nicht über Menschen sprechen, die so stark von einem anderen verletzt worden sind, dass sie das Wort Versöhnung nicht einmal *hören* können. Ich denke zum Bei-

spiel an Vergewaltigung, Missbrauch sexueller oder aggressiver Art, an jahrelange Demütigungen. Diese Problematik bedarf einer besonderen Behandlung.

Worüber möchte ich sprechen?

Zunächst über das *Unversöhntsein mit uns selbst* und dessen Überwindung, denn das ist die Grundlage dafür, dass wir uns auch mit anderen versöhnen können. Diesen Teil möchte ich allerdings nur kurz abhandeln, weil das *Unversöhntsein und Unversöhntbleiben mit anderen* und ihre Überwindung im Mittelpunkt stehen sollen. Zunächst also: Was kann dazu beitragen, dass wir uns mit uns selbst versöhnen?

Versöhnung mit sich selbst

1. Sich mit seiner Lebensgeschichte aussöhnen

- Mit den Eltern, die uns gezeugt und ins Leben begleitet haben, sicher nicht immer nach unseren Vorstellungen und sicher nicht frei von Schuld.
- Mit den Geschwistern, die, vielleicht zu unserem Leidwesen, auch die Liebe der Eltern beanspruchten.
- Mit unseren eigenen schwierigen Erbanlagen.
- Mit den Schicksalsschlägen, die wir nicht zu verantworten haben.
- Mit den zahlreichen Ungerechtigkeiten, die wir erleiden mussten.
- Mit unseren eigenen falschen Entscheidungen, die uns vielleicht auf Jahre hin das Leben eintrübten oder blockierten.

Sich mit der eigenen Lebensgeschichte aussöhnen – das ist leichter gesagt als getan. Das ist nicht nur eine Sache des guten Willens. Diese Aussöhnung macht Arbeit. Ob ich einen Hinweis habe, wie man „das" machen kann?

Einmal: Wenn ich begreife, in aller Tiefe begreife, dass mein Leben endlich ist, dass meine Tage gezählt sind, dass ich das, was war, nicht mehr ändern kann, weil diese Zeit abgelaufen ist –, wenn ich begreife, dass die Geschichte meines Lebens mit keiner anderen verglichen werden kann und die Seele – das zeigen mir täglich die Wertimaginationen – viel barmherziger ist als unser „Kopf", der durch tausend unbarmherzige Moralismen besetzt ist, dann fällt es mir vielleicht leichter, Ja zu sagen zu allem, was war, dann könnte ich wie ein Freund auf meine bisher gelebten Jahre sehen.

Zum anderen, und dazu bedarf es nicht immer eines Therapeuten: Wie wäre es, wenn Sie sich einen Menschen suchten, dem Sie vertrauen könnten und der reif genug wäre, Sie nicht bewerten zu wollen? Ihm könnten Sie über mehrere Stunden Ihr ganzes Leben erzählen. Dabei dürfte er Sie nicht unterbrechen. Und dann? Dann könnte Ihr Zuhörer Ihnen sagen, was ihm an Ihnen aufgefallen sei und Sie zum weiteren Nachdenken anregen. Dann würden Sie möglicherweise die eine oder andere Entscheidung, die Sie oder andere getroffen haben, besser verstehen. Und dann? Dann würden Sie vielleicht zum ersten Mal den *Zusammenhang* Ihres Lebens begreifen. Und wenn Sie den entdeckten, könnten Sie vielleicht zum ersten Mal einen Zusammenhang auch in sich selbst fühlen.

2. Lernen, den Schatten anzunehmen

Ja sagen zur Geschichte Ihres Lebens. Ja sagen zu dem, der Sie geworden sind. Ja sagen zu dem, was Sie können.

Aber auch Ja sagen zu dem, was zu Ihnen gehört, Sie aber nicht wahrhaben wollen. Das, was Sie auch sind, aber sich nicht eingestehen, weil es Ihrem Bild von sich selbst nicht entspricht:

zum Beispiel die rasch aufkommende Wut, die fordernde Liebe, die Unwahrhaftigkeit, die Eitelkeit, die Scheu, sich auf die Lebendigkeit des Lebens einzulassen, die Lebensangst, die Maßlosigkeit, die brutale Seite an Ihnen oder die Antriebsarmut.

Wer sich nämlich nicht dem eigenen Schatten stellt, projiziert ihn unbewusst auf andere. So gesteht *er* sich etwa nicht ein, dass er zu Aggressionen neigt und unterstellt sie seiner Partnerin. So gesteht *sie* sich nicht ein, dass sie Angst vor der Liebe hat und unterstellt ihre Angst ihrem Partner. Den Schatten annehmen heißt nicht, ihn einfach auszuleben, sondern zunächst einmal, sich ihn einzugestehen. Warum? Weil die Seele nichts weniger ertragen kann als Unwahrhaftigkeit.

3. Sich aussöhnen mit seiner Schuld

So viele Menschen sind nicht mit sich ausgesöhnt, weil sie mit Schuld durch das Leben gehen: Eltern fühlen sich schuldig, weil sie ihren Kindern nicht gegeben haben, was sie gebraucht hätten. Große Kinder fühlen sich schuldig, weil sie ihren Eltern in ihrer Sturm- und Drangzeit zu viel zugemutet haben. Ehepartner fühlen sich schuldig, weil sie nicht treu oder weil sie lieblos waren und meinen, dem oder der anderen kostbare Lebenszeit verdorben zu haben. Jeder von uns kennt seine eigene Schuld. Deshalb erübrigen sich weitere Beispiele.

Frei werden von Schuld? Darüber müsste ich lange reden. Nur dieses für heute: Einem vertrauenswürdigen Menschen gegenüber aussprechen, worin wir schuldig geworden sind und, wenn es geht, die Schuld bedauern. Und/Oder: Wer das Glück hat, an Gott glauben zu können – ich meine nicht ein blässliches Prinzip, auch nicht eine bloße Gottesidee und schon gar nicht eine Projektion unserer eigenen Wünsche, ich meine den wirklichen und gütigen Gott –, der wird ihm hinhalten, was ihm schwer auf der Seele liegt, und glauben können, dass er befreit weiterleben kann. Darüber hinaus denke ich an Sätze Jörg Zinks, die Sie in seinem Büchlein „Atem der Freiheit" finden: „Niemand hat sich sein Schicksal ausgesucht, sein Wesen, seine Schwächen, seine Neurose oder seinen brüchigen Charakter und all seine Gespaltenheit. Niemand hat sich die Grenzen seiner Kraft selbst verordnet. Wir erleiden alle ein Leben, das uns ein anderer bereitet hat, und es hat keinen Sinn, dass wir uns selbst oder einander die Schuld daran aufbürden."

4. Sich aussöhnen mit dem eigenen Körper

Das ist für viele nicht einfach. Doch ob ich meinen Körper mag oder nicht, ist nicht nur davon abhängig, wie er erscheint, sondern auch davon, wie ich ihn sehe und finde. Vor allem aber davon, ob ich begreife, dass dieser mein Körper einmalig, einzigartig und unverwechselbar ist wie ich selbst, dass er mir gehört und ich für ihn verantwortlich bin, dass ich ihn achte, vielleicht sogar liebe. Darüber lange nachzudenken, lohnt sich.

Versöhnung mit anderen

Ich will versuchen, in sechs Punkten zu zeigen, wie Versöhnung zu erreichen möglich ist. Doch zuvor möchte ich Ihnen drei Sätze bedeutender Männer zitieren, die am Anfang dieses Teiles stehen sollen:

Jean Paul: „Ich möchte dabeistehen können bei allen Aussöhnungen in der Welt, weil uns keine Liebe so tief bewegt wie die wiederkehrende."

Heinrich Heine: „Seit ich selbst der Barmherzigkeit Gottes bedürftig bin, habe ich allen meinen Feinden Amnestie erteilt."

Franz Werfel: „Gott verzeiht nicht, was die Menschen verzeihen. Die Menschen verzeihen nicht, was Gott verzeiht."

Nun also die sechs Punkte:

1. Sich bewusst machen, was Unversöhntsein bedeutet

Wer mit einem anderen Menschen auf Dauer unversöhnt ist, *trägt ihm nach*, was zum Streit geführt hat: die Ablehnung, den Groll, die Wut, den Hass. Doch diese Gefühle trägt er nicht nur dem oder der anderen nach. Sie bleiben auch in *ihm* oder *ihr*! Und das hat Folgen:

Wer einem anderen Aggressionen dieser Art nach-trägt und ihm nicht verzeiht – wir sprachen bereits darüber –, verspannt zunächst seinen Körper, dann seine Seele und seinen Geist. Wer nicht verzeihen kann, engt sein Herz, engt sein ganzes Leben ein. Er kann nicht wirklich lieben. Wer aber nicht wirklich lieben kann, lebt nicht oder nur eingeschränkt den wichtigsten aller menschlichen Werte. Er lebt nicht das Wesentliche, nicht die Hauptsache.

Hat denn der Nachtragende etwa einen „Gewinn" davon, dass er nicht zur Versöhnung bereit ist? Offensichtlich: Er fühlt sich dem anderen moralisch überlegen. Er fühlt sich im Recht und will sein Recht nicht preisgeben. Er fühlt sich als Richter des anderen. Er spricht das Urteil über den anderen – sich selbst spricht er frei. Er macht den anderen klein – und damit sich selbst groß. Die Bewusstmachung dieses Zusammenhanges könnte ein erster Schritt zur Versöhnung sein.

2. Was wäre, wenn ich dem anderen verzeihen würde?

Die Form dieser Frage begeistert mich immer wieder, weil sie uns auf unsere *Möglichkeiten* anspricht und nicht auf unsere Barrieren. Und je mehr ich mich in sie hineindenke und einfühle, je mehr ich mich auf sie einstelle und einlasse, desto mehr wirken sie auf mich wie Magneten. Also:

Was wäre, wenn ich dem anderen verzeihen würde?
Ich wäre nicht mehr auf das tatsächliche oder vermeintliche Unrecht des anderen fixiert.
Ich wäre nicht mehr vom Streit vergiftet.
Ich hätte weniger Druck.
Ich wäre erleichtert.
Ich könnte gelassen an die/den anderen denken.
Ich wäre mit mir und ihm/ihr in Frieden.
Ich wäre versöhnt.
Ich wäre frei.
Ich hätte das Gefühl, mit mir selbst weiter gekommen zu sein.

3. Sich noch einmal den entstandenen Emotionen stellen

Um zu echter Versöhnung zu gelangen, ist es wichtig, das, was zum Konflikt führte, noch einmal differenziert anzusehen: den Schmerz, den Ärger, die Wut, das Gefühl der Demütigung, das, was ich nicht begreifen kann und so weiter. Warum? Weil ich nur so einen gewissen Abstand zu dem gewinne, was mich verletzt hat, und zu dem, der oder die mich verletzt hat. Denn solange ich mich nicht den unterschiedlichen Emotionen gestellt habe, bleibt der Verletzer in mir, werde ich ihn nicht los, hält er meine Seele gefangen, hat er Macht über mich, lebe ich gespalten, ist mein Identitätsgefühl gestört.

Ein Beispiel: Nehmen wir an, ein Sohn hat bei einem Streit seinem Vater wutschäumend gesagt: „Das Eine will ich dir sagen: Du bist mir nie ein richtiger Vater gewesen, deshalb kannst du meiner lebenslangen Verachtung sicher sein!" Nachdem er das gesagt hat, verlässt er das Haus und lässt nichts mehr von sich hören.

Der Vater sagt der Mutter: „Mit dem bin ich ein für alle Mal fertig." Die Mutter weint, zieht sich von ihm zurück. Sie leidet. Der Vater wird immer stiller, spricht nicht mehr viel. Er ist verbittert, ist mürrisch. Auch er leidet. Seine Gedanken kreisen permanent um den Streit. Doch er vertraut sich niemandem an, auch seiner Frau nicht.

Dann veranlasst ihn ein Zeitungsausschnitt zu neuem Nachdenken: Er lässt in Gedanken den Tag, die Stunde, den Raum, seinen Sohn und auch sich selbst wiederkommen. Er sieht das Gesicht seines Sohnes vor sich, das ihn wie damals voller Hass ansieht. Das tut weh, sehr weh. Und wieder hört er die Sätze, die ihn so verletzt haben. Da steigt noch einmal und noch heftiger als damals Wut in ihm auf. „Eine Unverschämtheit", hört er sich sagen. Doch dann nähert sich ihm – langsam und zunächst unmerklich – ein Gefühl, mit dem er nicht gerechnet hat: Ist es Traurigkeit, ist es bloße Sentimentalität oder – vielleicht Sehnsucht, Sehnsucht nach ihm, seinem Sohn? Jedenfalls erlebt er, dass er ein wenig Abstand gewinnt zu dem, was war, und sich sein Blickwinkel zu verändern beginnt.

Wer sich noch einmal den alten Emotionen stellt, versteht möglicherweise auch, warum er sich so extrem verletzt fühlt. Es kann nämlich sein, dass durch den *gegenwärtigen* Konflikt eine *alte* Wunde aufgerissen wurde, die selbst im Lauf langer Jahre nur mühsam heilen konnte. Und möglicherweise war es diese alte Wunde, die den jüngeren Konflikt so schmerzhaft werden ließ. Mag sein, dass auch eine solche Erkenntnis das feindliche Gefühl gegen den anderen verringert.

4. Jeder hat seinen eigenen Blickwinkel

Diese Erkenntnis ist für mich persönlich von unschätzbarem Wert, denn sie fordert mich dazu heraus, mich immer wieder neu in den jeweils liebsten Feind einzufühlen, weil er nicht nur aufgrund seiner Individualität, sondern auch wegen seines Typus anders denkt, fühlt, empfindet und handelt. Mir kommt dazu ein Bild: Stellen Sie sich vor, dass neun Menschen um einen Berg herum stehen. Jeder wird sagen: Ich sehe den Berg – und irgendwie hat jeder recht damit. Doch jeder sieht nur einen *Teil* des Berges.

Es gibt auch eine Menschenkunde, die von neun Typen von Menschen spricht. Ich spreche vom Enneagramm. Ich schätze diese Menschenkunde, denn sie zeigt eindrucksvoll, dass jeder Typus auf *seine* Weise denkt, empfindet, fühlt und handelt.

So neigt zum Beispiel *der erste* Typus zum Perfektionismus, *der dritte* etwa hat ein charmantes Verhältnis zur Wahrheit, *der fünfte* wirkt manchmal gefühlsarm, was er gar nicht ist. *Der achte Typus* wiederum ist ein Führungsmensch, der andere gern kontrolliert und geradeheraus sagt, was er denkt, was nicht jedermanns Sache ist.

Weil nun jeder Mensch nicht nur einmalig ist, sondern auch einem bestimmten Typus angehört, versteht es sich von selbst, dass diese beiden Gegebenheiten einen starken Einfluss auf die Wahrnehmung haben, sodass es immer wieder zu Meinungsverschiedenheiten und Streit kommen kann – und dass auch die Bereitschaft zur Friedensbildung je und je verschieden ist.

Oft denke ich an zwei sehr seriöse Menschen, die nach 30-jähriger zermürbender Ehe nicht mehr weiterwussten. Beide sagten: Hätten wir diese Menschenkunde eher gekannt, wären unser Leben und unsere Ehe anders verlaufen. Wie viele Missverständnisse hätte es dann nicht gegeben! *Er* gehörte dem eben schon genannten fünften Typus an – das ist der Beobachter –, der es braucht, sich immer wieder zurückziehen zu können. *Sie* dagegen gehörte dem sechsten Typus an – das ist der „Gemeinschaftsmensch", der es viel mehr als der fünfte Typus braucht, zu reden, sich mitzuteilen, Feste zu feiern. Wenn sie doch früher gewusst hätten, dass ihre Blickwinkel so unterschiedlich sind …

5. Verzeihen gehört zum Menschen

Versöhnung geschieht durch Verzeihen. Verzeihen und Versöhnen sind Existenziale, also nicht gesellschaftlich bedingte Phänomene, sondern spezifisch menschliche Eigenschaften und Werte, die zur menschlichen Ausstattung gehören. Sie sind *reale Möglichkeiten*, die wir realisieren oder auch ablehnen können. Weil das so ist, können sie auch Ziele wertimaginativer Wanderungen sein.

Wenn jemand von seiner Wut oder seinem Hass gegen einen anderen nicht loskommt und ich mit ihm über seinen Schmerz, seinen Ärger, seine Wut etc. *gesprochen* habe, sich aber noch immer nicht seine aggressiven Gefühle lösen, gehe ich mit ihm in eine Wertimagination, allerdings nur dann, wenn er damit bereits vertraut ist.

Ein Beispiel:

Eine junge Frau, die schon lange erhebliche Wut auf ihre Mutter und ihren ältesten Bruder empfindet, findet sich in einer Wertimagination in einem geschlossenen Raum vor (ein Sinnbild für ihre derzeitige Situation, sich nicht von der Wut befreien zu können). Sie trägt einen schwarzen Mantel mit vielen verwelkten roten Rosen (welch ein Bild der Trostlosigkeit!). Da lässt sie die Verzeihende kommen. Was tut sie? Sie zieht ihr den schwarzen Mantel aus und zieht ihr ein weißes Gewand an.

Die Szene wechselt: Die Frau sieht eine Tafel vor sich und schreibt in Gegenwart der erschienenen Mutter alles darauf, was ihr an erlebten Enttäuschungen und Schrecklichkeiten einfällt. Sie schreibt die ganze Tafel voll. Danach verbindet die Verzeihende die Hände von Mutter und Tochter, woraufhin in der Tochter ein warmes Gefühl aufsteigt. Die Verzeihende löscht nun alles aus, was auf der Tafel steht. Beide Frauen, Tochter und Mutter, helfen ihr dabei. Niemand

spricht ein Wort. Schweigend, aber lächelnd geht die Mutter weg.
Wieder wechselt die Szene: Auf einer Leinwand sieht die junge Frau viele Szenen ihrer Kindheit, in denen sie von ihrem tyrannischen Bruder gequält wurde, Szenen, die ihr gar nicht mehr in Erinnerung waren. Dann sieht sie diesen Bruder. Zu ihrer großen Verblüffung weint er. Auch er trägt einen schwarzen Mantel mit verwelkten roten Rosen. Und noch einmal erscheint die Verzeihende und zieht auch ihm ein weißes Gewand an.
Während das geschieht, sieht die junge Frau Perlen (Symbol für die Verwandlung von Leid in Freude), bindet sie zu einer Kette und legt sie ihrem Bruder um. Daraufhin legt die Verzeihende beiden Geschwistern die Hände auf ihre Herzen – bis beide zu lachen beginnen und einander die Hände reichen.
Die Imaginandin ist sehr glücklich über diese Versöhnung, doch sie weiß, dass da noch etwas auf Versöhntsein wartet, wozu sie noch nicht bereit ist. Es ist die schwierige Situation mit dem Vater. Trotzdem: Sie ist von dem Erlebten überwältigt.

Wirken denn solche Wertimaginationen, werden die unter Ihnen mit Recht fragen, die sie noch nicht kennen? Sie wirken, und wie! Jedenfalls dann,

- wenn der Imaginand bereit ist, mehrere solcher Wanderungen in die Tiefe zu machen.
- wenn sie tief unter der Bewusstseinsgrenze stattfinden.
- wenn der Imaginand solche Erfahrungen für sich allein nacherlebt.

In derselben Gruppensitzung – sie fand morgens statt – hatte eine andere junge Frau eine ähnlich hilfreiche Wertimagination. Nach der Mittagspause wirkte sie fast verwirrt, denn sie war in der Pause den beiden Menschen begegnet, die ihr bislang das Leben zur Hölle gemacht hatten. Woher kam ihre Verwirrung? Von dem ungemein freundlichen Gespräch, das sie miteinander hatten führen können.

6. Versöhnung nach der Trennung

Ein besonders dunkles Kapitel unseres Themas ist der Streit von Paaren, die sich getrennt haben oder geschieden sind. Noch immer sehe ich die alte Dame vor mir, die von ihrer Tochter zu mir „geschleift" worden war. Worum ging es?

Ihr Mann, ein begnadeter Musiker, hatte sich vor gut zehn Jahren in eine seiner Schülerinnen verliebt. Zwar beendete er die Liebelei, doch seine Frau konnte ihm nicht verzeihen. Sie verbiss sich in seine Schuld. Sie fixierte sich auf ihre Eifersucht, sodass sich ein tiefdunkler Schatten über die *gesamte* Zeit ihrer jahrelang glücklichen Ehe legte. Ich werde diese alte Frau und ihr unsinniges Leid nie vergessen.

Lassen Sie mich zum Schluss einige allgemeine Erfahrungen zum Unversöhntsein und dessen Überwindung bei getrennten oder geschiedenen Paaren nennen:

- Nicht *bestimmte* Enttäuschungen, Verletzungen, Verluste, nicht eine bestimmte Not ist primär für den Fortgang der Lebensgeschichte entscheidend, sondern die Art und Weise, wie wir uns darauf *einstellen* und damit umgehen. Nicht darauf kommt es primär an, was wir an Schwerem erleben, sondern darauf, *wie* wir das Schwere annehmen und gestalten.

- Wer sich sein Scheitern eingesteht, macht sich nichts mehr vor. Wer sich nichts mehr vormacht, gewinnt erste neue Freiräume und schont seine Kräfte. Kräfte verliert der, der den tatsächlichen Verlust des Partners leugnet. Denn nichts kostet mehr Kraft als die Verdrängung von Tatsachen.

- Nicht die Jahre sind verloren zu nennen, in denen ein Mensch gelitten hat. Verloren zu nennen wären vielleicht jene, in denen er sich auf seine Probleme und Nöte so fixiert hätte, dass er nichts anderes mehr zu sehen in der Lage gewesen wäre. Nicht nachzuholen sind die vergangenen Ereignisse, wohl aber, zum Teil jedenfalls, die unverbrauchten Kräfte. In jedem von uns wartet viel ungelebtes Leben.

- Wer sich über längere Zeit nur auf seine Not fixiert und lediglich auf das sieht, was ihn niederzieht, verkennt die Vielfalt der Werte, die auch in schweren Zeiten darauf warten, gelebt zu werden. Wird aber ein Wert verabsolutiert, zum Beispiel die Beziehung zu einem Menschen, dann zieht sich das Leben beleidigt zurück.

- Kein Mensch darf einen anderen besitzen. Denn jeder hat für sich selbst Sinn für sein Leben und seinen Weg durch das Leben zu finden. Deshalb gilt: Wer den anderen festhält, verliert ihn ganz bestimmt.

- Die Trennung des einen vom anderen ist in aller Regel keine Absage an den anderen Menschen, sondern an den *Partner* der Partnerschaft. Deshalb ist das häufig geäußerte Gefühl Verlassener, aufgrund der Trennung weniger wert zu sein, ein bedauerliches Missverständnis.

- Der Mensch hat die Möglichkeit, sich nicht nur anzunehmen, sondern sich auch abzulehnen und zugleich seine gegen sich selbst gerichteten aggressiven Gefühle – die ihm nicht bewusst sind – auf seinen Partner zu projizieren. Diese Tatsache ist der tiefste Grund für das Scheitern vieler Partnerschaften. Sie ist der tiefste Grund für viele Turbulenzen in der Trennungszeit. Sie ist häufig der Grund für den Mangel an Versöhnungsbereitschaft. Sie ist auch häufig der tiefste Grund für das Scheitern neuer Beziehungen.

- Weil Hass Leben zerstört, das eigene ebenso wie das des anderen, ist Versöhnung mit dem früheren Partner eine lebenswichtige Aufgabe, die nicht in weite Ferne gerückt werden darf. Die Versöhnung kann innerseelisch, sie kann auch konkret mit dem anderen geschehen. Ein wesentlicher Grund für die Möglichkeit von Versöhnung kann in der Ein-Sicht liegen, dass die tiefsten Motive für die Trennung letztlich nicht zu beurteilen sind.

- Ich habe einen Abschiedsbrief geschrieben, keinen persönlichen, sondern einen erdachten. Keinen typischen, denn jede Beziehung und jede Trennung unterscheiden sich von anderen. Ich habe ihn in der Hoffnung geschrieben, dass der Geist dieses Briefes jene Versöhnungsbereitschaft widerspiegelt, die ich allen getrennten Paaren wünsche. Und – vielleicht – kommt der eine oder andere auf die Idee, auf seine Weise ihm oder ihr Zeilen dieser Art zu schicken:

Liebe Petra,

Du kannst die folgenden Zeilen ganz in Ruhe lesen. Ich schreibe Dir, weil ich Dir etwas sagen möchte, worüber Du Dich vielleicht freuen wirst. Und weil der Brief ein Abschiedsbrief ist, lass mich etwas länger ausholen.
Vor gut zwei Jahren hast Du mich verlassen. Als Du mir sagtest, Du wolltest gehen, war das ein Schock für mich, dem ich zunächst nicht gewachsen war. Ich fühlte mich wie betäubt, zu Boden geworfen, wie tot. Als ich wieder zu mir kam, durchlebte ich über eine lange Zeit viele trostlose Stun-

den. Ich war sehr depressiv, wie man das nennt. Ich fühlte mich klein, schwach, hilflos, jämmerlich, ohne Zukunftsperspektive. Zwischendurch gab es auch Stunden, in denen ich eine unheimliche Wut auf Dich hatte. Einmal hätte ich Dich – das weißt Du gar nicht – fast bloßgestellt: Ich sah Dich und Deinen Freund in einem Café, Ihr saht mich nicht. Ihr wart so verliebt ineinander, dass ich Euch um ein Haar laut angebrüllt hätte. Danach verfiel ich wieder in quälende Dunkelheit.

In dieser Zeit sprach ich mit nur wenigen Leuten. Immer mehr ging mir auf, dass die, die sich mit mir solidarisierten, mir nur gefallen wollten. Und jene, die in gut psychologischer Manier mich auf „meine eigenen Anteile" ansprachen, ohne mich zu ermutigen, gingen mir vollends auf die Nerven. Manchmal war ich drauf und dran, Dich anzurufen und Dich „fertigzumachen". Denn dieser Zustand, in dem ich mich befand, hatte ja mit Dir zu tun. (Ich war trotzig genug, nicht danach zu fragen, warum das so war.) In dieser Zeit ließ ich den Anwalt die harten Briefe schreiben, wohl wissend, wie sie Dich treffen würden. Dann kam eine Nacht – sie liegt noch nicht so lange zurück –, die die Wende brachte – in meinem Leben und meinem Verhältnis zu Dir.

Ich wurde mitten in der Nacht wach, hatte von Dir geträumt. Die Bilder entfernten sich jedoch so rasch, dass ich mich an sie nicht mehr erinnern konnte. Irgendwie war mir aber klar, dass sie mir etwas sagen wollten, was ich bislang nicht gewusst hatte oder nicht hatte wissen wollen. Eine seltsame Stimmung erfasste mich. Ich ahnte, dass mir Wichtiges bevorstand.

Ich stand auf und ging, als ob ich geführt würde, zum Schrank. Ich holte Bilder von Dir hervor, die ich nach Jahrgängen geordnet hatte. Dann studierte ich lange, sehr lange Deine vielen Gesichter. Das Ergebnis war niederschmetternd. Ich erkannte, dass Du in unseren zwölf Ehejahren von

Jahr zu Jahr an Ausstrahlung verloren hattest. Auf dem letzten Foto – es stammte aus unserem letzten Urlaub – warst Du nur noch ein Schatten Deiner selbst. Als ich das sah und begriff, dass ich selbst für diese Entwicklung verantwortlich bin, habe ich wie ein Schlosshund geheult, stundenlang. (Du weißt, ich habe in unserer Ehe nie geweint.) Seltsamerweise hatte ich auch nicht einen Augenblick das Bedürfnis, Deine „Anteile" gegen meine aufzurechnen. Das hat sich bis heute nicht geändert. Ich kann Dir nur eines sagen: Es tut mir unendlich leid, dass Du in diesen Jahren so unter mir gelitten hast.

Ich will Dich auch nicht um Verzeihung bitten, denn das wäre wieder eine Forderung an Dich. Stattdessen will ich Dir etwas schenken (ich hoffe, dass Du das nicht melodramatisch nennst): meinen tiefen Wunsch nämlich, dass Du mit Wolfgang glücklich wirst und zu dem Leben kommst, das Du fröhlicher Mensch so lange nicht leben konntest.

In mir ist kein Groll mehr, schon gar keine Wut. Und die Sehnsucht nach Dir ist guten Gedanken für Dich gewichen. Die Klarheit, die ich in jener Nacht gewonnen habe, hat mich befreit.

Wenn ich das so schreibe – ich schreibe übrigens nicht am späten Abend und auch nicht bei einer Flasche Wein –, kommt mir auch ein Wunsch an Dich: Glaub mir, dass diese Zeilen die aufrichtigsten sind, die ich je geschrieben habe. Eine Antwort darauf erwarte ich nicht.

Ich sehe noch einmal ein Bild von Dir an, ehe ich es ganz tief in den Schrank zurücklege. Es ist warm in mir für Dich, und deshalb lasse ich Dich los.

Armin

7. Was sonst noch zu sagen ist

- Nicht näher eingegangen bin ich auf die religiöse Dimension unseres Themas. Doch will ich sie wenigstens andeuten: Jesus wurde einmal von Petrus gefragt, wie viele Male man seinem Bruder vergeben müsse. Ob sieben Mal reiche. Die Antwort: Sieben Mal sieben Mal, also immer wieder. Der Grund? Weil nicht die Ablehnung, der Groll, die Wut, der Hass das Maß aller Dinge ist, sondern die Liebe.

- Ob es schwer ist, leicht zu lieben, zu verzeihen, sich zu versöhnen? Alles hängt davon ab, worauf ich mich in meinem begrenzten Leben ausrichte: auf das, was auf Dauer Leben stört, das der anderen und mein eigenes – oder auf das, was Leben fördert, heilt, vielleicht sogar glücklich macht – das eigene und das der anderen.

- Der große Seelenkenner C. G. Jung hat einmal sinngemäß gesagt, Frieden in kleineren und größeren Gemeinschaften sei keine Utopie, wenn die Menschen aufhörten, die eigenen Probleme von sich auf andere zu projizieren.
  Und warum wäre das keine Utopie? Weil wir *eigenverantwortlich* leben würden, wenn wir weniger oder gar nicht mehr unsere *eigenen* Probleme *anderen* anlasteten.
  Was würde das bedeuten? Dass wir frei wären. Frei, weil jede gelebte Verantwortung frei macht. Niemand aber ist versöhnter als der freie Mensch.
  Ist das nicht doch utopisch?
  Wenn wir aufhören, auf die Möglichkeit von Freiheit und Versöhnung zu hoffen, wird die Hoffnung – und sie ist letztlich das stärkste Motiv des Menschen – Trauerkleider tragen.

Über die Liebe,
und wie man sie lernen kann

Unter allen Spuren dieses Lebens, die zu uns selbst führen, gibt es keine, die unmittelbarer in unsere Mitte führte als die Liebe. Und doch scheint es, als habe diese Königin der Gefühle und Gefühlskräfte nur noch wenig Daseinsrecht in dieser Welt. Zwar haben von jeher Philosophen, Theologen, Pädagogen, Künstler, Weise, Sänger gesagt, gemalt, besungen, dargestellt, beschworen, dass nichts freier macht, beglückender und sogar gesünder ist als – zu lieben, selber zu lieben, nicht nur die Kinder, die Partner, die Freunde, sondern die Welt, die Zeit, das Sein, das Leben, so wie es sich nun einmal zeigt. Und viele, die diese Botschaft hören, bedenken, auf sich wirken lassen, sagen Ja zu dieser Weisheit, stimmen ihr zu, sind gerührt, sind berührt, spüren Gänsehaut auf ihrem Rücken, wollen endlich selbst damit beginnen.

Dann legen sie das Buch beiseite, verlassen den Konzertsaal, verabschieden sich von ihrem Weisheitslehrer, werden wieder „Realisten", beschränken ihre Gedanken einseitig auf den romantischen Bereich der Liebe. Dabei brauchen wir in dieser Zeit nichts mehr als ein vertieftes Verständnis für die Liebe, weil wir ohne sie nicht mehr wirklich leben können angesichts der vielfältigen Formen des Unsinns und Irrsinns, von denen wir Tag um Tag hören. Denken Sie zum Beispiel an die schmelzenden Pole oder die nicht enden wollenden Kriege, an die Ausbreitung von Aids, an die millionenfachen Depressionen oder an den ständigen Streit derer, die uns regieren.

Nein, angesichts der gegenwärtigen vielfältigen Bedrängnisse und Bedrückungen hilft nicht allein die Entwicklung von Ichstärke, auch nicht positives Denken und schon gar nicht dies:

einfach wegzusehen von den Feldern, auf denen der Wahnsinn blüht. Ja sagen zu diesem Leben mit all dem, was uns zu schaffen macht, können wir nur dann, wenn wir die Liebe, diesen stärksten, wärmsten und bedeutendsten aller Werte, wieder entdecken und ihn als die Grundlage für gelingendes Leben begreifen.

Warum ist die Liebe von so zentraler Bedeutung?

Ich habe einige kluge Menschen gefragt, und sie haben dies geantwortet:

Blaise Pascal, der große französische Mathematiker, Physiker und Religionsphilosoph, sagte zum Beispiel: „Ein Tropfen Liebe ist mehr als ein Ozean an Wille und Verstand."

Novalis, der bedeutendste Lyriker der Frühromantik, formulierte: „Die Liebe ist der Endzweck der Weltgeschichte."

Martin Luther King, der amerikanische Bürgerrechtler, äußerte: „Liebe ist die einzige Kraft, die einen Feind in einen Freund verwandelt."

Und ein wichtiger Mann unserer Tage, *Gerald Hüther*, Professor für Neurobiologie (eines seiner Bücher trägt den Titel „Die Evolution der Liebe"), antwortete in einem Interview auf die Frage, was denn Liebe aus neurobiologischer Sicht bedeute, sie sei die einzige Form von Beziehung, die *Entwicklung* ermögliche. Dann sagte er den Satz, der uns alle hellwach machen sollte: „Wenn man der Frage nachgeht, woher die Angst kommt, stellt man fest: Die Angst kommt aus Beziehungen. Wenn man dann weiterfragt, was denn das beste Heilmittel sei, kommt man sehr schnell zu der Frage, wo denn die Liebe geblieben sei ..."

Was ist die Liebe?

Man ist geneigt, die Liebe zwischen Partnern als das eigentliche Liebesphänomen aufzufassen. Das ist verständlich, hängt doch davon allzu oft das Wohl und Wehe des Einzelnen ab. Doch umfasst die Liebe weit mehr als diese Beziehung, nämlich: Nächstenliebe, Mutterliebe, Elternliebe, Kindesliebe, Selbstliebe, Liebe zur Menschheit, zur Natur und zur Kunst und – nicht zu vergessen – die Gottesliebe, die Liebe zu Gott.

Die Liebe, von der ich sprechen möchte, ist weit mehr als die Liebe zwischen Partnern. Sie ist eine bestimmte wohlwollende Haltung, ein Ja dem *ganzen* Leben gegenüber. Ich meine die Liebe zu mir selbst *und* zu anderen *und* anderem. Sie ist nicht an bestimmte Personen oder überhaupt an etwas Bestimmtes gebunden. Sie bleibt auch nicht an einem Ort. Um diesem Verständnis von Liebe näherzukommen, habe ich einen bekannten Psychologen, einen großen Philosophen und das besondere unter allen Büchern, die Bibel, gefragt, was sie zu unserem Thema zu sagen haben, und ihre Antworten sind sehr aufschlussreich.

Zuerst kommt der Individualpsychologe *Josef Rattner* zu Wort, der sich fragte, was denn liebende und nicht liebende Menschen unterscheide. Seine *psychologische* Studie ergab Folgendes:

Bei geduldiger Beobachtung, so sagt er, zeigt sich bei *liebenden* Menschen eine Fülle von Charaktereigenschaften, die sich wechselseitig beeinflussen: Hingabe, Güte, Versöhnung, Friedfertigkeit, Wohlwollen, Wahrhaftigkeit, Echtheit, Offenheit, Hoffnung, Lebensmut, Vertrauen, Geduld, Demut, Verlässlichkeit, Treue, Gerechtigkeit, Klarheit, Weisheit, Verständnis, Achtsamkeit, Gelassenheit, Leichtigkeit, Heiterkeit, Zärtlichkeit, Freude, Begeisterung, Kreativität, Verantwortung für sich und andere, Freiheit und Religiosität sowie Befriedigung in der Arbeit, Selbstachtung, Kontaktfreude, Gemeinschaftsfähigkeit.

Was bedeutet das? Wer liebt, andere und sich, entzündet in sich und anderen das Gefühl, wert zu sein. Er liebt das Beste aus sich und anderen heraus.

Bei *nicht liebenden* Menschen fallen dagegen folgende Eigenschaftskomplexe auf: Angst, Misstrauen, Herrschsucht, gesteigerte Minderwertigkeitsgefühle, Unsicherheit, Negativismus,

Verschlossenheit, Egozentrizität, Geiz, Neid, Eifersucht, Hass, Traurigkeit, gestörte Körperbeziehung, geringe Toleranz, schwaches Einfühlungsvermögen, mangelnde Umgänglichkeit, starke Affektbereitschaft (zum Beispiel Wutausbrüche), Launen, emotionale Kälte, Distanziertheit. Das aber bedeutet: Wer nicht liebt, sich und andere nicht, fühlt sich nicht wert, fühlt keinen Sinn für sich und die Welt, in der er lebt. Er droht zu erkranken.

Nicht psychologisch, sondern *philosophisch* äußert sich der große jüdische Religionsphilosoph *Martin Buber*. Er sagt: „Liebe ist mehr als Gefühl. Nicht die Gefühle machen die Liebe aus, sie begleiten sie nur. Gefühle werden ‚gehabt‘, die Liebe *geschieht*." Und weiter: „Die Liebe findet statt zwischen Ich und Du. Wer dies nicht weiß, kennt die Liebe nicht, auch wenn er die Gefühle, die er erlebt, ... genießt ... ". Liebe ist „Verantwortung eines Ich für ein Du."

Was das konkret heißt, hat der Schriftsteller Willy Kramp in seinem vor vielen Jahren erschienenen Büchlein „Vom aufmerksamen Leben" so gesagt: „Alles wesentliche Leben nämlich heißt: Antwort geben. Ein Leben ist so viel wert, als es Antwort gibt. Denn wir Menschen sind immerfort gefragt. Der Mensch an unserer Seite fragt uns. Das Sein insgesamt fragt uns mit seinen tausend Fragen. Zu jeder Stunde anders. Mit tausend Stimmen, laut und schweigend, beglückend und quälend. Immerfort sind wir gefragt. Das ist unsere Gabe und Last als Menschen. Dies macht es aus, dass kein einziger Augenblick unseres Lebens dem anderen verglichen werden kann. Lebendig sein heißt: in jeder Stunde die ganz neue und andere Frage hören, die das Leben uns stellt, und mit einem Wort antworten, das immer wieder ein gleichsam erstes Wort ist."

Und was sagt die *Bibel* zur Liebe? Sie sagt: „Gott ist die Liebe" (1. Johannes, 4,16). Was das heißt, wird für mich am anschaulichsten in dem unglaublichen, dem Verstand nicht mehr zugänglichen Gleichnis vom verlorenen Sohn/gütigen Vater (Lukas. Jesus 15, 11–24). Jesus erzählt:

„Ein Mann hatte zwei Söhne. Eines Tages bat ihn der Jüngere: ‚Vater, gib mir das Teil deiner Güter, das mir zusteht.‘ Der teilte das Gut. Der Jüngere aber machte wenige Tage danach seinen Anteil zu Geld, packte alles zusammen und zog in ein fernes Land. Dort lebte er in Saus und Braus, bis sein Besitz aufgezehrt war. Als er alles verbraucht hatte, kam eine schwere Hungersnot über jenes Land, und er geriet in Not. Da ging er zu einem Bürger des Landes und wurde sein Knecht. Der schickte ihn zum Schweinehüten auf seine Felder. Und er hätte gerne seinen Bauch gefüllt mit den Schoten, die die Schweine fraßen, aber niemand gab sie ihm. Da ging er in sich und überlegte: Mein Vater hat so viele Tagelöhner, die mehr Brot haben, als sie brauchen, und ich gehe im Hunger zugrunde. Ich will mich auf den Weg machen, zu meinem Vater gehen und ihm sagen: ‚Vater, ich habe Unrecht getan gegen Gott und gegen dich. Ich bin nicht mehr dein Sohn. Mach mich zu einem deiner Tagelöhner.‘ Und er brach auf und wanderte nach Hause zu seinem Vater. Als er noch fern war vom Haus, sah ihn sein Vater kommen. Es tat ihm weh, ihn so zu sehen, und er tat ihm leid. Er eilte ihm entgegen, fiel ihm um den Hals und küsste ihn. Der Sohn fing an: ‚Vater, ich habe Unrecht getan gegen Gott und gegen dich. Ich bin nicht mehr dein Sohn.‘ Der Vater rief seine Knechte: ‚Schnell, bringt das beste Kleid und zieht es ihm an! Und holt einen Ring für seinen Finger und Schuhe für seine Füße! Bringt das gemästete Kalb und schlachtet es, und dann lasst uns essen und fröhlich sein. Denn der hier, mein Sohn, war tot und ist wieder lebendig. Wir hatten ihn verloren und haben ihn wieder gefunden.‘ Und sie fingen an, ein Fest zu feiern."

Liebe – das ist aus *dieser* Sicht Güte, Gnade, Barmherzigkeit, bedingungslose Annahme von Gott, ein ganzes Ja zum Menschen. Und der, der diese Liebe erfährt, in aller Tiefe erfährt? Der wird ein verstehender, verzeihender, warmherziger, weitherziger, furchtloser, freier Mensch.

Was also ist die Liebe?

Liebe ist, so meine ich: mehr als ein warmes Gefühl, mehr auch als Verantwortung. Sie ist die stärkste und beglückendste Gefühlskraft, die Leib, Seele und Geist umfasst. Sie ist die stärkste und beglückendste Haltung und Einstellung dem Leben gegenüber, das tiefste Ja zum Leben. Was noch? Sie ist der wichtigste Wert, das spezifisch Menschliche, der einzige normative Wert, die wesentliche Grundlage für gelingendes, beglückendes, sinnvolles Leben. Von daher wird der berühmte Satz von Augustinus verständlich: „Liebe, und dann tue, was du willst."

Kann man lernen, selber zu lieben? Kann man etwa auch die unterentwickelte oder verschüttete Liebe (wieder) zum Vorschein bringen? Man kann. Man sollte sich jedoch zuvor bewusst machen und daraus konkrete Schlüsse ziehen, dass der *Widerstand gegen das Lieben* – darauf wies C. G. Jung hin – die eigentliche Ursache für die Unfähigkeit zur Liebe ist. Und damit gehe ich auf den ersten der zehn Punkte ein, die zur Liebesfähigkeit führen könnten.

1. Sich die Widerstände gegen das Lieben bewusst machen

Man sollte sich bewusst machen und daraus konkrete Schlüsse ziehen, dass der Widerstand gegen das Lieben die eigentliche Ursache für die Unfähigkeit zur Liebe ist. Welchen Widerstand kann Jung gemeint haben?

- Vielleicht die irrige Meinung, man müsse gleich ganz Europa lieben. Nein, das muss, das kann auch gar nicht sein. Wir haben schon viel gewonnen, wenn wir beginnen, anderen *mehr als bisher* in Freundlichkeit zu begegnen.

- Ein anderer Widerstand mag darin liegen, dass der, der in seinem Leben viel gelitten hat, verständlicherweise zunächst darauf wartet, selbst geliebt und gerecht behandelt zu werden. Daher kann es wichtig sein, dass ein solcher Mensch sich jemanden sucht, der ihm zuhört und so Zeuge seiner Not wird. Und das muss nicht immer ein Therapeut sein.

- Doch auch dieses gibt es: die seltsame, furchtbare Freiheit nämlich, dass wir gegen uns selbst sein können. Wer jedoch gegen sich selbst ist, sich selbst ablehnt, ist nicht für sich und nicht bei sich, ist nicht mit sich eins, kann nicht lieben. Und weil aus Selbstsicht Weltsicht wird, liebt er nicht nur sich selbst nicht, sondern auch alles andere nicht, was lebt. Ein solcher Mensch wird gut daran tun, fachliche Hilfe zu suchen.

- Und schließlich kann der Widerstand gegen die Liebe auch darin liegen, dass jemand nicht groß genug vom Leben denkt, von dieser Welt nicht, von dieser Zeit nicht, von Gott nicht und auch vom Menschen nicht, von der Freiheit nicht und von der Liebe nicht. Doch vielleicht begegnet so jemand einem anderen, der sich von dessen Widerstand gegen das Lieben nicht abschrecken lässt.

2. Sich die Liebe nicht ausreden lassen

Wenn Sie sich vornehmen, das Lieben zu lernen, dann lassen Sie sich nicht einreden, Ihr Vorhaben sei eine Illusion. Lassen Sie sich die Liebe nicht ausreden – weder von den Rationalisten noch von den Resignierten, weder von denen, die sagen, sie seien der Liebe noch nie begegnet, noch von denen, die sagen, sie hätten den Glauben an sie verloren. Denn die Liebe ist alles andere als eine Illusion. Sie ist vielmehr ein Existenzial, das heißt ein Phänomen, das unbedingt zum Menschen gehört – mag die Liebe noch so tief verschüttet oder wenig entwickelt sein. Sie bleibt eine *reale Möglichkeit*, solange wir leben.

Woher ich diese Sicherheit nehme? Aus meiner Arbeit mit Menschen, konkret: aus meiner Arbeit mit Wertimaginationen. Suchen wir auf diesem Wege die Liebe, so finden wir sie – nicht immer gleich, und manchmal müssen wir sehr tief wandern, wenn die Fähigkeit zu lieben gründlich verletzt wurde. Ein Beispiel. Ich denke an eine Frau, die aufgrund ihres schweren früheren Lebens weder sich selbst noch die Welt liebte:

Über eine Wendeltreppe geht sie tief in die innere Welt und gelangt in einen großen hellen Raum, in dem sieben weiß gekleidete Personen in einem Kreis stehen. Aus der Mitte des Kreises ragt eine mächtige, ebenfalls weiß gekleidete Gestalt hervor. Auch die Frau stellt sich in die Mitte.
„Da bist du endlich", hört sie eine Stimme sagen, „wir haben schon lange auf dich gewartet." Die „Stimmung" in diesem tief gelegenen Raum findet die Frau „unglaublich". Sie spürt „totale Akzeptanz". „Liebe pur" strömt ihr entgegen. Und dass sie hier ist, ist „total okay". Ein seltsames Schamgefühl überkommt sie: Dass ausgerechnet sie „das alles" erleben darf – diese Annahme!
Da kann sie nicht anders: Sie kniet nieder und „weint ewig lange". Es ist ein erlösendes Weinen. Dann sagt sie: „Warum hat mir niemand gesagt, wie es hier ist?"
Dann geht sie, ohne weiter zu überlegen, zu den im Kreis stehenden Gestalten und reicht jeder die Hand und fühlt sich von jeder angenommen. Nur der mächtigen Figur in der Mitte des Kreises wagt sie nicht die Hand zu geben. Sie ahnt, dass dieses „Wesen" nicht zum menschlichen Bereich gehört. Tief, ganz tief fühlt sie auch ihr eigenes Ja zum Leben.
„Das Leben" hatte sie angenommen – und sie das Leben.

Ob eine Wertimagination dieser Art über den Moment hinaus tatsächlich liebesfähig macht? Eine gewiss nicht. Je häufiger man jedoch diese oder ähnliche Erfahrungen macht, desto leichter lösen sich die inneren Barrieren auf, die bisher den Zugang zur Quelle der Liebe behinderten.

3. Sich aufmachen

Die Märchen wissen es: In allem, was lebt, liegt eine große *Sehnsucht* verborgen, eine Sehnsucht nach Überwindung aller Trennungen und Feindschaften, nach Angenommensein und Frieden, danach, geliebt zu werden und selbst lieben zu können.

Doch auch das wissen die Märchen: dass niemals das Warten auf diesen Glück bringenden Zustand die Sehnsucht erfüllen kann, sondern dies allein: sich aufzumachen, die Dornenhecken zwischen Mensch und Mensch abzureißen und sich anderen gegenüber friedenswillig zu zeigen, wodurch auch die eigene Seele beglückt wird.

Worüber ich nachgedacht habe:
Manchmal vergisst der eine, dass auch der andere in der Beziehung einsam ist.
Manchmal vergisst der eine, dass auch der andere sich nichts sehnlicher wünscht als dies: verstanden zu werden.
Manchmal vergisst der eine, dass auch der andere Sehnsucht nach dem Frieden hat, den es einmal gab.

Eine konkrete Empfehlung: Jeden Abend über einen Zeitraum von sechs Wochen schriftlich festhalten: *Wann hätte ich heute liebevoller sein können?*

4. Die Liebe zum Magneten machen

Ich kenne eine Frage, die äußerst hilfreich ist. Sie ist die Vorwegnahme einer realen Möglichkeit: *Was wäre, wenn ich mehr als bisher lieben könnte?* Auf diese Weise kann der Wert Liebe zum

Magneten werden. Mir selbst kommen zum Beispiel diese Einfälle:

Ich hätte weniger Angst.
Mir wäre warm und weit ums Herz.
Ich würde mich Menschen öffnen.
Ich käme mit Menschen besser aus.
Ich selbst würde offener auf Menschen zugehen.
Ich wäre freier.
Ich würde mehr wagen.
Ich würde weniger um meine Bedürfnisse kreisen.
Ich wäre versöhnlicher.
Ich entwickelte Lust an der Verantwortung für andere,
und vielleicht verlöre ich auch die Angst vor Sterben und Tod.
Ist diese Aussicht nicht attraktiv?

5. Worauf sehe ich?

Geist hat intentionalen Charakter. Das heißt: Er braucht, um lebendig sein zu können, immer etwas, worauf er sich ausrichten kann. Doch – *worauf* richtet er sich aus?

Worauf richten sich deine *Gedanken* konkret?
Worauf siehst du? Worauf hörst du?
Was suchst du? Was lässt dich aufmerken?
Womit verbindet sich dein Geist?
Mit dem, was Leben stört, gar zerstört?
Mit dem, was Leben fördert?
Was suchst du *primär*?
Die Widerstände oder die Lösungen?
Die Aggression oder die Liebe?
Das Absurde oder den Sinn und das Glück?
Das in dir, was Leben verneint – oder das, was Leben bejaht?

Wir befinden uns auf hoher See. Die Bordkapelle spielt. Die elegant gekleidete Gesellschaft schwebt über das Parkett. Die Stimmung ist hervorragend. Da sehe ich die beiden: den kleinen Mann mit seinem pechschwarzen Haar und den Jungen, der auf seinem Schoß sitzt. Der Vater schaut sehr heiter auf die tanzenden Paare, der Kleine lächelt vor sich hin.

Manchmal wenden sie sich einander zu, flüstern sich Worte ins Ohr und lachen. Da bemerke ich, dass der Vater den Jungen streichelt, immerzu streichelt, zart und liebevoll und immer an derselben Stelle – während der ganzen Zeit, in der ich den beiden zusehe. Er streichelt den Armstumpf seines contergangeschädigten Jungen. Und beide wirken glücklich, sehr glücklich.

Vielleicht gibt es nur ein wirkliches Problem im Leben. Vielleicht gibt es nur einen wirklichen Grund, dass viele so wenig lieben. Vielleicht gibt es nur eine wirkliche Quelle, die die Zugänge zur Liebesfähigkeit immer wieder neu eindunkelt. Vielleicht ist dieses eine Problem unser Mangel an Gefühl für die Kostbarkeit, für die tiefe Schönheit von Leben, des eigenen und des fremden, des sichtbaren und des unsichtbaren. Vielleicht sähe alles wirklich anders aus, wenn wir – mehr als bisher – sähen, fühlten, schmeckten, erkennten, verstünden, begriffen und uns tief davon berühren ließen, was es bedeutet, auf diesem wunderschönen Stern leben zu dürfen. Doch wenn wir dieses Leben so nehmen, als *wäre* es eine Selbstverständlichkeit, gleicht es einer Landschaft, die im Nebel liegt, einer Musik, die der Wind verweht, einer Liebe, die nur von Worten lebt.

6. Das Liebenswerte im Menschen suchen

Wenn es in unserer Arbeit mit Menschen eine Voraussetzung gibt, die wichtiger ist als alle anderen, dann ist es diese: Danach Ausschau zu halten, was ein Mensch an Liebenswertem, Gutem, Wesentlichem, was er an Begabungen in sich birgt, also über die

„Fehlerfahndung" hinaus vor allem die *„Schatzsuche"* ernst zu nehmen. Warum?

Weil sich ein Mensch nach nichts mehr sehnt als danach, gesehen zu werden. Worin? In dem, was er *eigentlich* ist, in dem, was ihm vor allem zu eigen ist und zu ihm gehört. Diese Sehnsucht aber wird nur dann erfüllt, wenn wir ihn nicht einseitig daraufhin anschauen, was er nicht ist, nicht hat, nicht kann, sondern daraufhin, was er *auch* ist, *auch* hat, *auch* kann. Und keine Sorge: Das Schwierige kommt früh genug zur Sprache. Und wenn es zur Sprache kommt, ist wieder von größter Bedeutung, das Liebenswerte und Gelingende nicht aus dem Blick zu verlieren. Deshalb ist ein guter Menschenhelfer ein *Perlenfischer* oder, mit einem anderen Bild, jemand, der in einer Goldmine nicht primär auf das Geröll, sondern auf das *Gold* im Geröll der Mine sieht.

Was nun für die berufliche Arbeit mit Menschen gelten sollte, kann selbstverständlich für jede Beziehung von Mensch zu Mensch gelten. Auf diese Weise Menschen zu begegnen, macht glücklich, nicht nur den anderen, auch uns selbst. Und wann immer das geschieht, wird der Raum zwischen Mensch und Mensch warm, wird beiden warm, werden beide weit, entfalten und entwickeln sich beide, tritt das Aggressive, Hässliche, Feindliche zurück, wird der Weg frei für Verständnis, Freundlichkeit, Großzügigkeit, Freiheit, für Liebe.

Sie nennen mich einen Schwärmer?

Ach, ich habe die negativistische Welt-, Lebens- und Menschenbetrachtung unserer Zeit so satt! Ich kann die stechenden Fragen mancher Tele-Talkmaster nicht mehr hören! Ich mag die ätzenden Berichte über bekannte Menschen, die in die Krise geraten sind, nicht mehr lesen. Es ist so leicht, Schwächen anderer aufzudecken. Es ist so leicht, einen Menschen zu durchschauen. Es ist so leicht, ihm einen dunklen Stempel aufzudrücken. Gerade das aber macht das Leben von Mensch zu Mensch beglückend, wenn beide versuchen, zuerst nach „der Seele helle Seiten" Ausschau zu halten.

Wie kann das gelingen?

Durch *Entscheidung*. Durch die Entscheidung, sich so dem anderen gegenüber zu verhalten, wie wir es uns auch von anderen wünschen.

Durch *Wahrnehmung*. Ich achte zum Beispiel gern auf das *Lächeln oder Lachen* meines Besuchers und sehe in solchen Situationen, wenn vielleicht auch nur für einen Augenblick, wie sich sein *ursprüngliches* Bild zu zeigen beginnt.

Durch die *Sprache*: Da sagt der andere zum Beispiel ein Wort von besonderer Zartheit oder Kraft, guter Sehnsucht oder Schönheit, ein Wort, das aus tieferen Schichten aufgestiegen ist. Oder er erzählt mir von einer *Begebenheit*, die ihn traurig oder glücklich gemacht hat. Und diese Erzählung klingt so ganz anders als das, was mich kurz zuvor irritierte.

7. Ichbezogenheit überwinden

Fragt man die Weisheit der Hochreligionen, was ein Mensch vor allem zu lernen habe, erhalten wir von *allen* die eine Antwort: das Ich (gemeint ist das „kleine Ich") zu überwinden.

Kaum etwas ist befreiender, kaum etwas beseitigt gründlicher die schmerzenden Gefühle, die zum Beispiel der Mangel an Liebe auslöst, als die Reduzierung der Ichbezogenheit. Je mehr ich um mein Ego kreise, desto lebensunfähiger und unglücklicher werde ich. Je mehr ich darüber klage, was ich nicht habe, und mich darüber ärgere, was ich nicht bin, je mehr ich fordere, was doch mir wie allen anderen „zusteht", je mehr ich das Leben um mich herum aus dem Blick verliere, desto mehr entferne ich mich von dem, was und wie ich im Grunde sein und leben könnte: heiter, gelassen, selbstvertrauend, liebend – auch wenn die Umstände nicht günstig sein sollten.

Kaum etwas macht mich andererseits gelöster, gelassener, nichts bringt meine besten Seiten leichter zum Vorschein als das

Bemühen darum, das Egozentrische nicht ständig zum Zuge kommen zu lassen.

Wer freier wird von seiner Ichbezogenheit, dem weitet sich der Blick, damit zugleich die ganze Seele. Wer weniger ichbezogen und daher weniger einseitig denkt, fühlt mehr das Herz der Welt und damit gewiss auch sein eigenes.

8. Schuldverschiebespiele vermeiden

Dieses „Spiel" ist uralt. Es begann im alten Israel damit, dass Menschen sich ihres Versagens und Fehlverhaltens bewusst wurden, es jedoch, bevor sie sich mit ihm auseinandergesetzt hatten, dem berühmten „Sündenbock" aufbürdeten. Die Idee war faszinierend, die Praxis wenig befriedigend. Bald ging den sensibleren Zeitgenossen von einst auf, dass eine solche Entladung keineswegs die erhoffte Befreiung brachte.

Seltsamerweise können selbst wir Aufgeklärten von diesem Spiel nicht lassen. Wir bemühen zwar keinen Bock mehr, sondern in der Regel Menschen, die sich für „Projektionen" eignen. Doch befreiend sind auch sie nicht.

Was wäre denn befreiend?

Fragen sind wichtig, vor allem diese:

Was gestehe ich ungern ein, auch mir selbst? Denn all die Ungereimtheiten, die ich in mir unter Verschluss halte, sind für das Verschiebespiel besonders „geeignet".

Oder: Kann es sein, dass das, was mich an dem anderen ärgert oder aufregt, mein eigenes Problem ist, das ich auf ihn übertragen habe?

Zweifellos verliefen viele Gespräche viel freundlicher, produktiver und heilsamer, wenn wir so weit wie möglich auf dieses unwahrhaftige Spiel verzichteten. Wie viele strapaziöse Machtkämpfe fänden nicht statt! Wie viele Aggressionen blieben aus! Wie viele Gefühle von Überlegenheit und Unterlegenheit würden *nicht* die Gespräche vergiften. Wie viele Brücken sähe die Liebe, wenn dieses unselige Spiel wenigstens hin und wieder unterbrochen würde!

9. Die Stille suchen

Es lebt im Menschen ein geheimes Wissen darum, so Graf Dürckheim, dass die rechte Stille mehr ist als

- nur das wohltuende Fehlen von Lärm,
- ein bloßes Gegengewicht an Ruhe gegen Unruhe,
- die bloße Voraussetzung alles geistigen Lebens,
- die Bedingung seelischer Gesundheit und die glückhaften Lebens,

dass sie vielmehr gleichbedeutend ist mit der Erfahrung des sich erfüllenden Lebens selbst. Vor allem, dass sie einer der wichtigsten Zugänge zur Erfahrung der Liebe ist. Wer sich mit sich allein sein lässt, wird *zunächst* mit dem konfrontiert, was seine Seele denkt und fühlt, was er *hat* und was ihm *fehlt*. Er begegnet mehr als bisher sich selbst.

Zunächst wird ihm seine Unruhe deutlicher und seine Angst, seine Niedergeschlagenheit und seine Leere. Er fühlt die Ungelöstheiten in seinem Herzen und beginnt zu verstehen, wodurch sie entstanden sind. Dann kann dieses geschehen:

Die dunklen Gedanken ziehen sich an den Horizont zurück.
Stille zieht ein.
Wohltuende Leere breitet sich im Kopf aus.
Nichts denkt mehr.
Die Atmung vertieft sich.
Körper und Seele werden eins.
Friede ist da.
Bilder zeigen sich vor dem inneren Auge:

Meere, Berge, Landschaften, Menschen.
Nichts stört deren Anblick.
Was sich zeigt, darf sein, ist gewollt.
Die Brust weitet sich.
Das Herz wird warm.
Unbemerkt, kaum wahrgenommen,
zieht das erste Gefühl der Liebe ein.

Weil die Liebe zwischen den Partnern in dieser Zeit in eine schwere Krise geraten ist, möchte ich – entgegen meinem anfangs geäußerten Vorhaben, nicht nur über einen Aspekt der Liebe zu sprechen – doch einige Hinweise zum Gelingen einer Partnerschaft nennen:

10. Was die Partnerschaft glücklich macht

Jörg Zink, der große alte Mann einer weitsichtigen Theologie, ist gelegentlich von jungen Menschen gefragt worden, wie es möglich sei, fast 60 Jahre mit seiner Frau verbunden gewesen zu sein. In einem seiner letzten Bücher, „Ufergedanken"[*], in dem er seinen Abschied von dieser Erde vorausschaut, nennt er gegen Ende des Buches sieben Gründe. Sie werden sehen, dass sie nicht das Ergebnis einer psychologischen Studie sind. Wenn ich sie lese, ist mir, als zeichne er ein Bild der Liebe, das weit über die partnerschaftliche Liebe hinausgehe. Nennen Sie die folgenden Gedanken nicht idealistisch. Verstehen Sie sie als Leitlinien für das Leben, die nie ganz erfüllbar, doch bewegend genug sind, um *mehr als bisher* die Liebe zu wollen.

---

[*] Jörg Zink, Ufergedanken, © 2007 Gütersloher Verlagshaus, Gütersloh, in der Verlagsgruppe Random House GmbH. Kursive Hervorhebungen im Zitat stammen vom Autor U. B.

Nun also: „Vielleicht ist das Erste, das helfen kann, ein *Gönnen*. Dem anderen eigene Wege gönnen, eigene Zeit …, eigene Entscheidungen, eigene Wünsche. Eigene Freundschaften. Überhaupt ihm gönnen, dass er ein eigener Mensch ist, der sein Leben mit seinen eigenen Augen sieht.

Vielleicht ist es danach ein *Lassen*. Ein freilassender Respekt vor den Gedanken des anderen, die man nicht alle zu wissen braucht … Ein Wissen auch, dass eine Frau und ein Mann kaum etwas gleich empfinden werden. Respekt auch vor dem Gebet, das verborgen im anderen geschieht, ohne dass es laut werden muss. Glaubensvorstellungen, die ganz die eigenen bleiben. Und vor allem, niemals verlangen, dass der eine den anderen zu imitieren habe.

Ein Drittes ist wohl das *Dabeibleiben* … auch in den Dunkelheiten, die über die Seele des anderen ziehen und die nicht vorschnell weggewischt werden wollen … Ein Bleiben an dem Lager, an dem der andere ein Leiden durchzustehen hat. Aber es dann dem anderen überlassen, zu sagen, was ihm wirklich hilft, und es nicht besser wissen wollen.

Etwas Viertes ist ganz sicher ein Weitergehen. Wenn eine Ungeschicklichkeit geschehen ist, ein Versäumen oder Versagen, wenn eine Verletzung zurückbleibt, weitergehen. Noch am selben Abend die Entfremdung oder den Streit beenden. In jede Nacht in Frieden gehen …

Und dann vielleicht sagen: Ich kenne die Stellen in dir, an denen du unsicher bist, darum will ich dort stehen und dich halten. Ich sehe deine Fehler, darum will ich dort, wo deine Fehler sind, bei dir sein. Wo solltest du mich nötiger brauchen als dort? … Und so, wie du wirklich bist, bist du unersetzlich für mich. Diese Liebe ist der Anfang des Friedens.

Ein Fünftes vielleicht: Möglichst nah nebeneinander gehen, aber einander nicht analysieren. So nah kann niemand einem anderen sein, dass er wissen könnte, wer der andere in einem letzten Sinn eigentlich sei. Die Augenblicke abwarten, in denen sich plötzlich oder allmählich etwas vom anderen offenbart. Und so allmählich ein Bild von der inneren Welt, in der der andere lebt, gewinnen.

Ein Sechstes ist ein langsames, behutsames Annähern. Ein Vertrautwerden mit der inneren Landschaft des anderen. Das eine oder andere in die eigene Landschaft herübernehmen ... Nicht mit dem Ziel, es müsste sich eine völlige Übereinstimmung der Überzeugungen und Empfindungen des einen mit dem anderen einstellen. Aber so, dass Gedanken und Bilder in der Seele des einen und des anderen einander ähnlicher werden ...

Ein Letztes noch: Es keinen Tag selbstverständlich finden, dass uns dieser Partner auf unserem Weg mitgegeben ist. Jeden Tag seine Nähe als gnadenhaftes Geschenk empfinden. Zum Geschenk aber stimmt eine lebenslange Dankbarkeit.

Was soll ich noch andeuten? ... Mit dem anderen sich ausdenken, was über unser kurzes Menschenleben hinausliegt. Offen lassen, ob die Ewigkeit eine neue Gemeinsamkeit stiftet oder ob der andere nur im Gedächtnis der Ewigkeit weiter mit einem gehen wird. Offen lassen, was nicht festgelegt oder festgedacht zu werden braucht. Und vertrauen, dass alles gut sein wird."

Was ist die Liebe?
Das Wichtigste im Leben.
Wie lernt man sie?
Indem man sie zum *Mittelpunkt* seines Lebens macht.
Ist das nicht weltfremd?
Nur für den, für den es Wichtigeres gibt als die Liebe.

Wie finde ich zu stärkerem Selbstvertrauen?

Was ist das – Selbstvertrauen? Das Gefühl: Ich bin etwas. Ich kann etwas. Ich traue mir etwas zu. Ich kann mich auf mich verlassen. Ich bin mir selbst treu. Und mehr als das: Selbstvertrauen ist auch das Gefühl: Ich weiß, ich darf leben. Ich ruhe in mir selbst. Ich fühle mich angenommen – vom Leben, von Gott. Es ist gut, dass es mich gibt.

Welch ein famoses Lebensgefühl hat der, der so empfindet und fühlt! Doch gibt es vermutlich kein Problem, das uns Menschen mehr verbindet als gerade der *Mangel* an Selbstvertrauen. Dieses Mangelgefühl hat viele Facetten. Da denkt oder sagt jemand etwa Sätze wie diese:

Ich mag mich nicht. Ich bin nichts wert.
Ich bin unsicher. Ich bin gehemmt. Ich bin ja so verkrampft.
Ich sehe nicht gut aus. Ich bin nicht liebenswert.
Ob ich da bin oder ob in China die Pappel rauscht ...
Ich bin ein Trottel. Ich bin nun mal ein Pechvogel ...

Es kann auch sein, dass keiner solcher Sätze fällt, dass das Problem versteckt, geleugnet oder nicht einmal bewusst wird und sich „lediglich" im *Verhalten* ausdrückt, zum Beispiel in leiser oder künstlicher Sprache, in auffälliger oder mausgrauer Kleidung, in überbescheidenem oder aufwendigem Lebensstil, in Ersatzhandlungen wie übermäßigem Essen oder Alkoholkonsum und vielem anderen mehr.

Kein Alter, keine Berufs-, keine Gesellschaftsgruppe ist vor Gefährdung des Mangels an Selbstvertrauen gefeit, nicht einmal die anerkannten öffentlichen Leistungsträger. Darüber könnte ich viel erzählen.

Ist dieses Phänomen neu?

- Sicher ist, dass, wie alles im Leben, auch das Selbstvertrauen dem Gesetz der Polarität unterliegt und es deshalb von Beginn an keinen Menschen gibt, der ständig dieses Gefühl hätte (trotz gegenteiliger Behauptungen).
- Sicher ist auch, dass infolge zunehmenden psychologischen Wissens der Blick mehr als in anderen Zeiten auf die eigenen Problemfelder gerichtet wird.
- Sicher scheint mir, dass der Mensch dieser Zeit aufgrund der radikalen neuzeitlichen Veränderungen nicht nur nicht mehr weiß, wie Leben geht, sondern auch nicht, wer er denn selber ist. Das gilt nicht für alle, wohl aber für viele.
- Sicher scheint mir darüber hinaus, dass infolge des Säkularisierungsprozesses, das heißt im Zuge der Verweltlichung der Welt, der Mensch auf sich selbst geworfen ist und daher vor der neuen Aufgabe steht – ungeübt und unerfahren –, anstelle Gottes nun sich selbst zum Grund des Vertrauens machen zu sollen. Doch es scheint, als seien die dadurch ausgelösten Fragen noch lange nicht beantwortet.

Weitere Ursachen und Gründe des Mangels an Selbstvertrauen

- Sie können lebensgeschichtlich verursacht sein (aufgrund starker persönlicher Verletzungen sowohl in Kindheit, Jugend als auch in späteren Jahren),
- durch falsche Konditionierung verursacht sein (Sanatoriums- und Festungsfamilien),

- ekklesiogen (also kirchlich) verursacht sein,
- persönlich begründet sein (aufgrund des selbst verantworteten Verhaltens),
- soziogen verursacht sein (etwa aufgrund gesellschaftlicher Geringschätzung bestimmter Gruppen, etwa der „Alten", der „Ausländer", der „Homos").
- Und sicher gibt es Menschen, die es aufgrund ihrer Struktur, ihres Typus nicht leicht haben, zu sich selbst stehen zu können.

Nach diesen Überlegungen möchte ich nun zehn Wege zeigen, durch die der, der den einen oder anderen geht, mehr als bisher Selbstvertrauen gewinnen könnte:

1. Erschütterung und Empörung aufkommen lassen

Wer mehr Selbstvertrauen will, tut zunächst gut daran, sich bewusst zu machen, wie unsicher, gehemmt und ängstlich er sich durch die Tage gehen lässt. Erschüttern lassen sollte er sich vom Einblick in sein eigenes kummervolles Dasein, nicht mehr zurückweichen vor der gefühlten Erkenntnis, dass das Maß seiner inneren Unfreiheit endgültig voll ist. Sich bewusst zu machen, wie das ist: Scheu und unsicher dazustehen in Gegenwart anderer, zu spüren, wie sich das Gesicht verspannt, das Schulternackenfeld, der ganze Körper. Sich auch bewusst zu machen, wie die Angst das eigene Leben regiert, und nicht die Freiheit. Sich den verborgenen Neid einzugestehen auf jene, die aufrecht dastehen, nicht nach Worten suchen müssen, sondern leicht und gelassen einander gegenüberstehen. Nur wer sich tief genug erschüttern lässt, hat das Zeug dazu, sich zu *empören*, das heißt (in diesem Zusammenhang) sich aufzurichten und sich dagegen aufzubäumen, dass er sein Leben selbst zu wenig *führt*.

Dann die Sehnsucht zulassen nach einer anderen Art des Daseins, nämlich: sich am Morgen freuen zu können auf die Begegnungen des Tages, offen zu sein für die Menschen und Aufgaben, die sich zeigen, frei zu sein für das Leben hier und heute.

2. Sein Leben annehmen

Ein Geschenk kann ich verweigern, ich kann es auch annehmen. Ich kann es auswickeln, ich kann es auch verpackt in die Ecke legen. Ich kann es pflegen, auch ramponieren, achten, auch zerstören. Sie und ich – wir sind uns gegeben, geschenkt worden, von den Eltern, vom Leben, von Gott. Die Frage ist nur, ob wir uns auch *angenommen* haben.

Sage ich – mehr oder weniger – Nein zu mir, dann lehne ich mich selbst ab, dann bin ich mein eigener Feind, dann akzeptiere ich nicht das Gute an mir. Und weil aus Selbst-Sicht Welt-Sicht wird, akzeptiere ich auch nicht das Gute am Leben. Wer Nein zu sich sagt, verhält sich destruktiv, nicht konstruktiv. Er liebt nicht, sondern lehnt ab: die Welt, in der er lebt, und das Einzige, was er hat – sich.

Wer Nein zu sich sagt, schenkt sich selbst kein Vertrauen. Und weil kein Mensch so leben kann, projiziert er – unbewusst – dieses Nein-Gefühl auf andere, sodass er auch anderen nicht vertrauen kann und sie womöglich als Feinde sieht. Kaum etwas jedoch schwächt uns so sehr wie dieses: dass wir das, womit wir nicht fertig werden, von uns auf andere schieben, dass wir das, was uns misslingt, nicht als unsere Sache betrachten, sondern andere dafür verantwortlich machen. Warum ist das so? Weil die Seele Klarheit braucht, wenn sie mit sich identisch werden soll, weil die Kraft des Geistes in dem Maße verloren geht, in dem ein Mensch sich für sein Wohl und Wehe nicht selbst zuständig fühlt.

Nicht wenige Menschen in dieser Zeit sagen weder Nein noch Ja zu dem ihnen geschenkten Leben. Sie sagen Jein. Wer aber sich selbst weder bejaht noch verneint, begeistert sich nicht für das Leben, er hasst es auch nicht. Er ist sich selbst fern und dem Leben. Ihm fehlen die großen Gefühle. Wie sollte er sich da selbst vertrauen können?

Und was ist, wenn ein Mensch Ja zu sich sagt? Dann geschieht genau das Gegenteil von dem, was ich soeben von dem Verneiner gesagt habe. Wenn ich mich bejahe, dann achte ich mich, dann vertraue ich mir, dann nehme ich mich an, dann vertraue ich auch anderen und dem großen Leben, dann sucht und findet mein Blick das Gold im Geröll der Mine des Lebens. Die Entscheidung aber, ob wir Ja, Jein oder Nein zu unserem Leben sagen, nimmt uns letztlich niemand ab, und das ist gut so, denn daran hängt nichts Geringeres als unsere Würde.

3. Herausforderungen annehmen

Manches, was sich um uns herum verändert, kann zunächst bedrückend sein: Der eine verliert die Arbeit, der andere den Partner. Der dritte leidet, weil ihn beruflich die technischen Neuerungen überfordern, der vierte, vielleicht eine Frau in den 50ern, trauert, weil die großen Kinder das Haus verlassen haben und sie nun keine Aufgabe mehr zu haben scheint.

Selbstverständlich werden die meisten Menschen solche oder ähnliche Veränderungen zunächst nicht gerade selbstbewusst parieren. Wer aber begreift, dass es zum Wesen des Lebens gehört, dass es eine ständige Herausforderung ist, wer begreift, dass Erwachsensein bedeutet, die Klage und das Selbstmitleid zu minimieren, wer dieses Leben so weit wie möglich annimmt, so wie es ist – dieses Wechselspiel von beglückenden und weniger beglückenden Ereignissen –, wird im Lauf der Zeit erfahren, dass er eigenständiger, mutiger und gelassener wird. Er wird an Selbstvertrauen gewinnen. Er wird erleben, dass es sogar ein gewisses Vergnügen bereiten kann, den Widerständen nicht nur zu trotzen, sondern sie auch überwinden zu können. Er wird erfahren, dass er weniger von der „Welt" angegriffen wird, weil er weniger Angriffsflächen bietet. Wenn ich selbst wieder einmal bemerke, dass ich mich vom Leben beleidigt und mich daher klein fühle, hilft mir jedes Mal der Imperativ: *Kein tragisches Gebaren!*

Herausforderungen annehmen, vor unangenehmen Situationen nicht weglaufen, sondern sie aufsuchen! Denn mit jedem Sich-Stellen dem, was uns Mühe macht, erfahren wir *gelebte* Freiheit und damit Selbstvertrauen.

4. Ungelebtes Leben leben lassen

Bei einer Abendgesellschaft sprachen mehrere vornehm gekleidete Damen und Herren über das Theater. Je später es wurde, desto heiterer wurden sie. Nur einer, ein älterer Herr, beteiligte sich wenig. Doch irgendwann erhob er sich aus seinem Sessel, schaute jeden Einzelnen an und fragte: „Wenn ihr Gelegenheit hättet, eine bestimmte Rolle auf der Bühne zu spielen – welche würdet ihr am liebsten spielen?"

Der erste entschied sich für „Hamlet", der zweite für den „Hauptmann von Köpenick". Dann meldete sich die Frau des älteren Herrn zu Wort und sagte: „Ich möchte einmal, ein einziges Mal, eine verruchte Animierdame spielen." Niemand lachte mehr, alle schwiegen. Dann sprach jeder von seiner eigenen Rolle: Der eine spielte sich in einen Fußballstar hinein, der andere in einen Modezar, jemand war bereits ein Tyrann, der Nächste sah sich als Psychoanalytiker ... Sie verabschiedeten sich erst spät, denn sie hatten viel darüber zu reden, dass jeder von ihnen viel zu wenig von dem lebte, was – wenigstens zum Teil – auf Erfüllung drängte.

Was hat das mit unserem Thema zu tun? Sehr viel. Denn wer mehr und mehr das aus sich heraus lebt, was in ihm angelegt ist

– ich meine nicht das Destruktive, sondern das Konstruktive –, wächst innerlich, fühlt sich ausgefüllt, fühlt sich mehr als bisher ganz und traut sich deshalb mehr als bisher zu. Deshalb fragen Sie sich selbst, welche Rolle *Sie* auf der Bühne Ihres Lebens einmal und vielleicht dauerhaft spielen möchten – und ob es nicht an der Zeit ist, damit Ernst zu machen.

5. Sich nicht zerstreuen lassen

Wir begegnen in unserer Arbeit zunehmend einem Phänomen, das harmlos erscheint, in Wahrheit aber ein dunkles Kapitel der gegenwärtigen Seelenlandschaft darstellt. Ich meine die *Zerstreuung*. Zerstreuung – was ist das?

Wer zerstreut ist, ist gedanklich und emotional nicht bei sich, ist nicht in seiner Mitte. Er bleibt nicht bei einer Sache. Er denkt, fühlt und handelt unklar. Sein Leben hat keine Richtung, kein Ziel. Sein Geist hat keine Intention und ist deshalb nicht auf die Werte ausgerichtet, die ein Leben sinnvoll machen könnten.

Wer zerstreut ist, verliert irgendwann sein Gleichgewicht – körperlich, seelisch und geistig. Er entfernt sich immer mehr von sich selbst und verliert – wie sollte das anders sein? – das Vertrauen zu sich selbst.

Die Ursache?

Denken Sie an die zahllosen Informationen, die über die Medien permanent auf uns einströmen. Denken Sie an die Meinungsvielfalt, die uns ständig zum Reflektieren herausfordert. Denken Sie an die vielen Veränderungen, die uns von staatlichen und gesellschaftlichen Einrichtungen zugemutet werden. Denken Sie an alles, was sich innovativ nennt und von unserer Seele erst einmal verkraftet werden will. Denken Sie an den Lärm, der uns Tag und Nacht bedrängt. Denken Sie an den Stress, der inzwischen zu einer der Primärquellen für seelische und körperliche Störungen geworden ist.

Was wäre dagegen zu tun?
Von Karl Valentin, dem großen Münchner Komiker, stammt der Satz: „Heute besuch' ich mich. Hoffentlich bin ich daheim." Was wäre denn, wenn ich bei mir daheim wäre? Dann würde ich mich treffen. Dann würde ich mich selbst erfahren. Ich würde erfahren, was ich falsch mache, was mir fehlt, was ich dringend brauche. Viel mehr als das: Ich würde spüren, wie es warm würde in mir, wie die Gedanken und Gefühle zusammenkämen, wie innere Einheit fühlbar würde, wie neue Freiheit fühlbar würde. Ich würde nach einiger Zeit erfahren, dass nichts mich schnell bedrängen und bedrücken kann. Ich würde in mir selbst ruhen.

Wie das „geht"?
Es gibt viele Wege. Einen deute ich an:
Nehmen Sie sich zu einer bestimmten Stunde am Tag 15 Minuten Zeit.
Achten Sie zunächst nur auf Ihre Atmung.
Verändern Sie sie nicht. Schauen Sie sich nur an, wie es ganz von selbst in Ihnen atmet.
Dann fragen Sie sich, was Ihnen gerade durch den Sinn geht.
Schauen Sie sich nur an, womit Sie innerlich beschäftigt sind.
Dann lassen Sie einen Gedanken kommen,
mit dem Sie sich vor Beginn der stillen Zeit verabredet haben,
und lassen diesen Satz auf sich wirken, denn Ihr Geist –
die wichtigste Dimension im Menschen –
braucht dringend die Beschäftigung mit aufbauenden Inhalten.

An welche Sätze ich denke? Zum Beispiel an diese:
Was wäre, wenn ich mir selbst ein Freund wäre?
Oder: Ich sage Ja zu mir selbst.
Oder: Was an mir finde ich so richtig gut?
Oder: Wem könnte ich heute eine Freude machen – und auf welche Weise?

6. Grenzen akzeptieren

Manchmal erkundige ich mich nach meinen Grenzen, nach dem also, was ich nicht gut kann, worin ich mich bescheiden muss. Diese Frage tut mir gut. Bei manchen Grenzen darf ich weiterhin darauf hoffen, dass ich sie im Lauf der Zeit noch ein wenig weiter hinausschieben kann. Bei anderen weiß ich inzwischen, dass sie unverrückbar sind. So gewinne ich allmählich Klarheit, woran ich persönlich weiterarbeiten muss und woran nicht.

Dann zeigt sich noch etwas: Je klarer mir meine Grenzen werden, desto klarer wird mir auch, worauf ich mich bei mir selbst verlassen, worin ich mir selbst trauen kann. Je klarer mir meine Grenzen werden, desto klarer wird mir auch der Raum meiner viel geliebten Freiheit. Wer sich dagegen immer wieder mit anderen vergleicht und sich in das hineinwünscht, -fantasiert oder -träumt, was er nicht hat und andere zu haben scheinen, entfernt sich immer mehr von dem, was zu ihm selbst gehört und was er selber ist. Er missachtet seine eigenen Grenzen.

Die Folge: Er/Sie macht den anderen groß und sich selbst klein, traut dem anderen alles zu, sich selbst dagegen wenig bis nichts. Ob ich einen Tipp für den Umgang mit Grenzen habe? Einen Tipp nicht, aber einen Hinweis:

Nehmen Sie sich Zeit für die Frage, an welchen Grenzen sich Ihre Seele immer wieder wund scheuert, wonach Sie sich schon seit vielen Jahren sehnen und was doch zu erreichen aussichtslos zu sein scheint. Nennen Sie diese Grenze konkret beim Namen, leugnen Sie sie nicht mehr. Begreifen Sie, dass das, was Sie wollen oder sich abverlangen, einfach nicht geht. Sie haben sich gedreht und gewendet. Sie haben in Ihrer Seelentiefe geforscht. Sie haben gegen sich gewütet aus Verzweiflung über diese Grenze. Doch alles war umsonst. Die Grenze bleibt. Sie werden sie nicht los. Sie bleibt Ihnen treu. Deshalb: Sie wären von großem Druck befreit, Sie wären weniger in sich gefangen, Sie fühlten eine ursprüngliche Freiheit, wenn Sie aufhörten, sich von der Grenze, die offenbar *auch* zu Ihnen gehört, pressen zu lassen.

7. Sich verändern wollen

Nun höre ich Stimmen, die sagen: Trotz alledem, was Sie da positiv sagen: Sehen Sie mich an, wie ich aussehe. Oder: Ich gehöre leider nicht zu den Intelligentesten. Oder: Ich habe so viel Schlimmes in der Kindheit erlebt. Diese Wunden werde ich nicht los. Oder: Ich bin schon ein Leben lang unsicher. Da kann man doch nichts mehr ändern. Oder: Mein ganzes Leben ist nichts anderes als eine Kette von Scheitern. Oder: Ich habe so viel Schuld auf mich geladen. Oder: Ich bin doch schon zu alt, um jetzt noch Selbstvertrauen lernen zu können.

Wer so redet, vergisst, dass Mangel an Selbstvertrauen kein bleibendes Schicksal ist. Er weiß nicht oder hat vergessen, dass wir viel reicher sind und weit mehr Reserven haben, als die meisten wissen. Fragen Sie zum Beispiel die neue Wissenschaft der Neurobiologie!

Aber nun zu den Einwänden:

Sieh mich an, wie ich aussehe.
Nicht das äußere Gesicht sagt etwas über die Schönheit des Wesens aus, sondern das innere. Ich meine damit die Seele. So frage ich Sie: Wer von Ihnen kennt nicht Menschen mit einer faszinierenden Ausstrahlung, deren äußeres Gesicht alles andere als wohlgeformt ist? Dagegen gibt es schöne Gesichter, die bei näherer Betrachtung nicht gerade seelische Attraktivität widerspiegeln.

Ich bin nicht so intelligent.
Es ist ja schön, intelligent zu sein. Wer intelligent ist, kann flott denken. Er überblickt leichter als manch anderer geistige oder

technische Zusammenhänge. Nur – das, was einen Menschen kostbar und wertvoll macht, ist nicht zuerst Intelligenz, sondern Herzensbildung. Sie ist ein besonderer Wert. Warum?

Weil Herzensbildung Ausdruck des Wohlwollens dem Leben gegenüber ist, gegenüber dem eigenen und dem Leben überhaupt. Und im Übrigen: Nicht auf das flotte Denken kommt es primär an, sondern auf das tiefe!

Ich habe so viel Schlimmes in der Kindheit erlebt.
Diese Wunden werde ich nicht los.
Zweifellos kann eine schlimme Kindheit ein Menschenleben stark eindunkeln. Doch schicksalhaft ist das auf Dauer nicht! Warum nicht? Weil kein Mensch mit seinem Problem identisch ist, weil jeder immer mehr ist als sein Problem, weil durch eine schlimme Kindheit die stärkste Kraft im Menschen – die Freiheit – zwar eingeengt, aber nie und nimmer abgetötet werden kann. Deshalb kommt es darauf an, sie, diese stärkste Kraft im Menschen, aus ihrer Isolation zu befreien. Dass das möglich ist, weiß ich aus persönlicher Erfahrung. Und dann: Ein Mensch, der nicht gelitten hat – was weiß der schon?

Ich bin schon so lange unsicher.
Da kann man doch nichts mehr ändern.
Sie könnten zweifelsfrei so, nämlich mehr oder weniger unsicher, weiterleben. Und zweifelsfrei gäbe es auch dann für Sie keineswegs nur trübe Tage. Sicher würden Sie Ihr Leben auch nicht sinnlos finden.

Nur – kann es sein, dass Sie sich so an sich gewöhnt haben, dass Sie sich eine *andere* Art zu leben gar nicht mehr vorstellen können? Deshalb würde ich Sie gern dazu überreden, sich hin und wieder auf eine meiner Lieblingsübungen einzulassen, auf die Frage nämlich: *Was wäre, wenn ich fortan sicher und gelassen durch meine Tage gehen könnte?* Sollten Sie sich entschließen, sich auf diese Kur über einen längeren Zeitraum täglich ein bis zwei Mal einzulassen, könnten Ihre Lebensgeister mehr als bisher in Bewegung kommen.

Mein ganzes Leben ist eine Kette von Scheitern.
Was wollen Sie damit sagen? Dass Scheitern für Sie ein feststehendes Lebensgesetz sei? Dass Sie immer wieder scheitern werden? Stimmt es denn, dass Sie *immer* gescheitert sind? Trifft es zu, dass das Scheitern Ihr *Schicksal* ist? Sie selbst waren daran nicht beteiligt? Doch wenn Sie daran beteiligt waren – was spräche dagegen, diese Kette des Scheiterns jetzt zu beenden?

Ich bin viele Male schuldig geworden.
Als Antwort auf diesen letzten Punkt – und sie gilt für alle anderen bisher genannten Punkte auch – sage ich Ihnen mit den Worten Jörg Zinks:

„Niemand hat sich sein Schicksal ausgesucht, sein Wesen, seine Schwächen, seine Neurose oder seinen brüchigen Charakter und all seine Gespaltenheit. Niemand hat sich die Grenzen seiner Kraft selbst verordnet. Wir erleiden alle ein Leben, das uns ein anderer bereitet hat, und es hat keinen Sinn, dass wir uns selbst oder einander die Schuld daran aufbürden."

Ähnlich tröstet der große französische Religionsphilosoph Blaise Pascal, der gesagt hat, der Mensch sei ein König, auch wenn sein Purpurmantel zerschlissen und verkommen sei. Seine Bestimmung bleibe ihm, wie immer er auch sein Leben verfehle.

Ich bin doch schon zu alt, um noch etwas ändern zu können.
Ich bin davon überzeugt, dass wir dazu herausgefordert sind, uns zu wandeln, uns zu verändern, bis der Tod uns von dieser Aufgabe entbindet. Und das ist, nebenbei gesagt, auch äußerst gesund. Statt zu theoretisieren, möchte ich Ihnen von einer alten Dame erzählen, die auf höchst eindrucksvolle Weise mich dazu ermutigt hat, für die Weiterbildung der Persönlichkeit auch im Alter zu werben:

Ich hatte an einer Seniorenakademie ein Seminar zu halten. Unter den Teilnehmern war eine Dame mit schlohweißem Haar. In einer Pause kamen wir ins Gespräch, in dem sie sagte, nun, mit 70 Jahren, sei sie endgültig glücklich. Da ich sehr viel jünger war als heute, unterlief mir ein Fehler:

Ich fragte sie, ob sie nicht ein wenig traurig sei, dass sie erst jetzt diesen famosen Stand erreicht habe. Da blitzte sie mich an, nicht frei von Zorn, und sagte: „Ich habe Ihnen doch gesagt, dass ich glücklich sei."

Kurz darauf saßen wir abends in einem Raum, in dem ein Klavier stand. Ich begann auf dem Instrument zu klimpern, und da ich bemerkte, dass die älteren Damen auf mein Spiel aufmerksam wurden, spielte ich einen Tango. Da erhob sich die 70-jährige Dame, nahm Tango-Haltung an, wobei ihr Kinn leicht zitterte, und begleitete meinen gespielten Tango mit einem furiosen Tanz. Ich habe von der Frau viel gelernt.

Nun könnte jemand von Ihnen denken, man solle sich doch nicht ständig mit sich selbst beschäftigen, denn das mache egoistisch. Das trifft zu, allerdings nur dann, wenn man Egoismus mit Selbstannahme verwechselt. Und dazu sagt kein Geringerer als der Papst – allerdings zu einer Zeit, als Deutschland noch nicht Papst war (Sie kennen dieses Bonmot?): Der *Egoismus* sei natürlich und also ganz von selbst da. Ihn müsse man überwinden. Die *Selbstannahme* dagegen sei etwas Geistiges, sie müsse man suchen und finden. Dann fährt er fort: „… es gehört gewiss zu den gefährlichsten Fehlern christlicher Pädagogen und Moralisten, dass sie nicht selten beides verwechselt und dabei das Ja zu sich selbst ausgetrieben, den Egoismus als die Rache des verleugneten Selbst aber nur um so gründlicher bestärkt haben …". Sie wollen wissen, wo Sie diesen erstaunlichen Text nachlesen können? Sie finden ihn unter: Joseph Ratzinger, Theologische Prinzipienlehre, München 1982, S. 82.

Sich selbst annehmen – um das zu lernen, gibt es auch eine kleine, aber aller Erfahrung nach wirksame Hilfe:

Wir sind bekanntlich so beschaffen, dass wir uns selbst nicht sehen. Nur der Spiegel ermöglicht uns, dass wir unserer selbst ansichtig werden. Schauen Sie in ihn hinein, könnten Sie sich gleichgültig ansehen, Sie könnten sich auch die Zunge ausstrecken. Sie könnten sich aber auch wohlwollend ansehen, sich anlächeln und ein gutes, aufmunterndes Wort sagen. Sollten Sie sich auf dieses durchaus nicht künstliche Ritual einlassen, würden Sie sich wundern, welche Wirkung von ihm ausginge.

8. Bedingungsloses Angenommensein

Es gibt etwas in den Tiefen der Seele, worüber ich noch immer staune. Das ist ein „Ort", an dem der, der dort einmal gewesen ist, immer sein möchte. Er ist das verborgene Paradies. Wir erleben diesen „Ort" zum Beispiel in Wertimaginationen. Das Seltsame und zugleich Erfreuliche ist, dass jeder, unabhängig von Charakter, Lebenslauf oder Weltanschauung, nach längerer „Wanderung" an diesen „Ort" gelangen kann.

Was er da erlebt? Dass er sich bedingungslos angenommen fühlt, dass er aufgerichtet wird, dass er Stehvermögen hat. Er „weiß" plötzlich, dass es einen gewaltigen Unterschied macht, ob es ihn gibt oder nicht. Er denkt nicht nach über sein Selbstvertrauen, er *hat* es.

Sie fragen, wer dem Imaginanden dieses Vertrauen zu sich selbst gibt? Seine eigene Seele mit ihrem Reichtum an inneren Symbolen. Was ein Mensch da erlebt, ist dem vergleichbar, was ein gläubiger Mensch erfährt, wenn er sich von Gott angenommen fühlt: Auch er denkt nicht über Selbst-Vertrauen nach, er fühlt es in sich selbst, weil er in sich selbst Gott-Vertrauen fühlt.

9. Den inneren Revolutionär kommen lassen

Manchmal geht es nicht anders. Dann helfen kein tiefes Verstehen und auch keine guten Vorsätze mehr. Dann gilt es, seine stärkste emotionale Kraft kommen zu lassen: den inneren Revolutionär. Ein Beispiel:

Wann immer ein feinsinniger Mann zu mir kam, freute ich mich auf ihn. Hätte er sich selbst ebenso liebenswert gefunden wie ich ihn, wäre es ihm schon lange gut gegangen. Obwohl er für viele Menschen nicht wenig bedeutete, glaubte er nicht genug an seinen Wert, sodass er immer wieder an den Rand der Resignation geriet. Aus einem Impuls der Ungeduld heraus schlug ich ihm in einer Sitzung eine Wertimagination zum „Inneren Revolutionär" vor. Nach einigem Zögern willigte er ein. Es könnte sein, dass sie sein Leben nachhaltig verändert hat:

Schon bald zeigt sich eine Gestalt, die nach längerem Hinsehen dem biblischen David gleicht. Was strahlt er aus? Er wirkt selbstsicher, kräftig, mit einem starken Willen ausgestattet, zielorientiert. Daher fühlt sich der Imaginand ihm gegenüber zunächst sehr klein.
„Was willst du?", fragt „David" ihn.
Der Imaginand weiß nicht so recht zu antworten.
Daraufhin nimmt David ihn an die Hand, führt ihn zu einer Quelle und fordert ihn auf, in das Wasser zu sehen.
„Was siehst du da?"
Der Mann sieht sein Gesicht, sieht zwei unterschiedliche Hälften. Die rechte Seite ist hell, makellos, die linke dunkel, wirkt wie Hautkrebs. Dann entsteht ein Kampf zwischen der hellen und dunklen Seite, jede will dominieren. David fragt ihn, welche Seite er wolle. Der Imaginand entscheidet sich für die helle. Daraufhin wird er aufgefordert, nur darauf, nur auf die helle Seite zu sehen.

Dann wird er zu einer zweiten Quelle geleitet und aufgefordert, sich auf das Wasser zu legen. Ein starker Wasserstrahl trifft in der Mitte seiner Wirbelsäule auf und breitet sich im ganzen Körper aus. Der Imaginand spürt eine große Freiheit im Geist und in Gedanken, im Mund, im Herzen und auch im Bauch. Er fühlt sich stark und auch gereinigt.
Danach nimmt David ihn wieder an die Hand, geht mit ihm zu einer Abfalldeponie (die er nicht ohne Reiz ansieht), auf die er alles fallen lassen kann, was ihn von einem ganzen Menschsein abhält: Neid, versteckte Aggressivität, allerlei Kleinkariertes etc. David schaut ihn an und sagt: „Du kannst immer wählen!" Und ohne die Antwort abzuwarten, fährt er fort: „Wähle das Leben!"
Der Schluss sei kurz erzählt: Beide setzen ihren Weg fort. Viele Menschen kommen ihnen entgegen. Die einen jubeln, die anderen beschimpfen den Imaginanden. Doch der empfindet eine bis dahin kaum bekannte Souveränität allen Äußerungen gegenüber. Die Straße führt ihn zu seinem griechisch anmutenden, von der Sonne beschienenen (Lebens-)Haus.

10. Verwöhnungstag

Nun wage ich es, nach langer Zeit wieder einmal einen Vorschlag öffentlich neu aufleben zu lassen, der vor vielen Jahren dazu führte, dass sich eine ganz normale Hamburgerin eines Tages in einen Flieger setzte, nach Paris flog, an der Champs-Élysées genussvoll einen Kaffee trank und tief befriedigt noch am selben Tag zurückflog. Woran ich denke? An den Verwöhnungstag:

Stellen Sie sich vor, dass Sie einmal im Monat an einem ganz bestimmten Tag sich von sich selbst verwöhnen lassen. Sie folgen, soweit wie möglich, Ihren Wünschen und Impulsen. Sie erlauben sich das, was Sie sich sonst nicht erlauben. Sie wissen hoffentlich selber, was das sein könnte. Ich werde mich hüten, Ihnen Vorschläge zu machen.

Es geht an diesen Tagen jedoch nicht nur um das Tun, sondern auch um das Sein. Es geht darum, dass Sie in dieser Zeit sich selbst eine Freundin, ein Freund sind. Sich selbst ein Freund sein, bedeutet: gut zu sich zu sein, sich zu verzeihen und sich selbst verstehen zu wollen. Sich selbst ein Freund sein, heißt auch: Verantwortung für sich selbst zu übernehmen, für sich selbst zuständig zu sein. Wofür? Zum Beispiel dafür, dass der Verwöhnungstag gelingt, dass er herausragt aus der Reihe der anderen Tage. Und sollte Ihnen an diesem Tag einmal das eine oder andere nicht gelingen, gilt die strenge Regel, dass Sie sich so wenig wie möglich darüber ärgern. Der nächste Verwöhnungstag kommt ganz bestimmt.

Würden Sie sich auf diesen Tag einlassen – in großer Treue und Regelmäßigkeit –, würde sich die Wirkung dieser Einübung in ein bekömmliches Leben auch auf weitere Tage ausdehnen und ganz von selbst Ihr Selbstvertrauen steigern. Leider gibt es immer nur wenige Menschen, die tun, wovon sie träumen. Ich wünsche Ihnen, dass Sie zu ihnen gehören.

Anhang:
10 Leitsätze zur Selbstbejahung

1. „Ein Berg, in Nebel verhüllt, ist kein Hügel; eine Eiche im Regen ist keine Trauerweide" (Khalil Gibran).

2. Wer sich selbst verneint, sollte sich bewusst machen, wie er sich selbst durch die Tage gehen lässt.

3. Kein Mensch ist mit einem anderen vergleichbar. Daher kann keiner einen anderen beurteilen.

4. „In jedermann ist etwas Kostbares, das in keinem anderen ist" (Martin Buber).

5. Weil der Mensch nicht nur ein Individuum, sondern auch ein Gemeinschaftswesen ist, wird er nur mit sich eins, wenn er beides lebt.

6. Wer so wenig wie möglich ausweicht, ist so frei wie möglich.

7. Es ist wichtig, Werte zu Magneten werden zu lassen, zum Beispiel den Mut, die Freiheit oder die Liebe.

8. Ich bin, was ich sage. Wer ständig niederziehende Gedanken und Worte zulässt, erliegt auf Dauer ihrer negativen Wirkung. Wer dagegen nach ermutigenden Gedanken und Worten sucht und sie findet, baut sich auf Dauer auf.

9. Es gibt keine Selbstbejahung ohne Vertrauen in das Leben.

10. Von zentraler Bedeutung ist, den Neinsager und den Jasager in sich kennenzulernen. Der Neinsager drängt sich von selbst auf, den Jasager muss man suchen.

Warum es sich zu leben lohnt

In seinem Buch „Der verletzte Mensch" nennt Andreas Salcher bedrückende Zahlen:
In der EU nehmen sich jährlich 58.000 Bürger das Leben. Weit mehr als 500.000 unternehmen Selbstmordversuche. 18,4 Millionen Menschen im Alter zwischen 18 und 65 Jahren erkranken jährlich an Depressionen. Jeder vierte EU-Bürger erkrankt mindestens einmal in seinem Leben psychisch. Und es scheint, als breiten sich seelische Störungen weiter aus. Diese Zahlen sind erschreckend, jedenfalls für den, der sich noch nicht abgewöhnt hat, über den eigenen Horizont hinauszusehen.

Über die Ursachen dieser Entwicklung sprachen wir bereits am Beginn des Vortrages über „Wege zu einem sinnerfüllten Leben": Von den vielfältigen und atemberaubenden Veränderungen in allen Lebensbereichen war da die Rede, die dazu geführt haben, dass, so der Psychotherapeut Markus Treichler, viele Menschen „nicht (mehr) wissen, ob und was sie fühlen, und nicht fühlen, was sie wollen und tun, und nicht tun, was sie wissen". Daher ist es alles andere als verwunderlich, dass viele nicht mehr wissen, warum es sich zu leben lohnt. Und deshalb ist diese Frage alles andere als eine Luxus-Frage, sondern eine, wenn nicht die wichtigste in dieser Zeit. Ich werde versuchen, zehn Antworten darauf zu geben, wohl wissend, dass im Rahmen dieses Vortrages nur Umrisse einer Antwort möglich sind. Warum also lohnt es sich zu leben?

1. Weil uns das Leben nicht alles mit einem Mal aufbürdet

„Obwohl sie nicht hundert Jahre alt werden", sagt ein chinesisches Sprichwort, „bereiten sich die Menschen Sorge für tausend Jahre." Dieses Phänomen aber, die Sorge, gehört zu den gefährlichsten, weil am wenigsten durchschaubaren Stressoren.

Der sich sorgende Mensch kann die Zeit, in der er lebt – und das ist bekanntlich nur die Gegenwart –, nicht genießen, denn er ist nicht mit ihr eins. Einerseits lebt er in der Gegenwart, andererseits ist er auf die Zukunft ausgerichtet. Deshalb lebt er gespalten. Innere Gespaltenheit aber ist der Stressfaktor Nummer eins. Und Stress – das hat sich inzwischen herumgesprochen – macht nicht nur unglücklich, er ist auch die Ursache vieler Erkrankungen.

Was macht der Sorgende mit sich? Er misstraut seinen Fähigkeiten. Er glaubt, dem nicht gewachsen zu sein, was auf ihn zukommt. Er misstraut auch dem Leben, das auf ihn zukommt, denn er argwöhnt, dass dieses es mit ihm nicht gut meine. Jede Idee jedoch hat die Tendenz, sich zu verwirklichen!

Wer so lebt, nämlich zweifelnd, sich sorgend und misstrauisch, lebt allerdings nicht ohne Gewinn: Es kann nämlich sein, dass er, der „Realist", sich seltener täuscht als der, der sich und dem Leben vertraut. Und doch: Das Leben wird bei ihm nicht warm.

Wie entsorgen wir die Sorge?

So, dass wir uns die banal erscheinende, doch höchst befreiend wirkende Tatsache bewusst machen, dass jeder Tag, den wir erleben, *ein eigenes Stück Leben* ist, dass wir also die *vielen* Probleme, die sich im Lauf des Lebens zeigen werden, *erst nach und nach* zu lösen haben – nicht heute und nicht alle mit einem Mal!

Jeder neue Tag liegt vor uns wie eine Straße unberührten Schnees. Jeder neue Tag fordert uns dazu heraus, ganz *in* der Zeit zu leben. Jeder neue Tag gibt uns die Möglichkeit, in überschaubarer Weise differenzieren zu können zwischen dem, was uns bekömmlich, und dem, was tatsächlich nicht vom Feinsten ist. Sie spüren, liebe Leser, die Befreiung, die von diesem Gedanken ausgeht?

Konkret: Sie könnten sich an jedem Morgen einige Minuten Zeit nehmen, um sich auf den vor Ihnen liegenden Tag einzustellen. Darauf nämlich, dass nur an diesem einen Tag Ihr Leben stattfindet, dass es Ihnen nur an diesem einen Tag dieses oder jenes Problem präsentieren könnte (und selbstverständlich auch das Gute!). Nur an diesem einen Tag.

Kurz bevor der Beatle John Lennon in der Einfahrt seines Hotels niedergeschossen wurde, schrieb er: „Leben ist das, was dir widerfährt, wenn du damit beschäftigt bist, anderweitig Pläne zu machen."

Besonders erfreulich aber wird das Leben hier und heute, wenn Sie ein paar Dinge beachten:

Du darfst keinen Tag verlassen,
ohne bemerkt zu haben, dass ein anderer deinen Blick gesucht hat,
ohne einmal einen Menschen angelächelt zu haben,
ohne dich einmal über dich selbst gefreut zu haben,
ohne über etwas Konkretes gestaunt zu haben.
Du darfst keinen Tag verlassen,
ohne einmal neugierig gewesen zu sein,
ohne einmal geglaubt, geliebt, gehofft zu haben.
Du darfst es nicht – deinetwegen und unseretwegen.

2. Weil Menschsein heißt, sich verändern zu können

Darf ich Ihnen bekennen, dass ich so manches Mal schwanke zwischen Zorn und Mitgefühl, wenn ich auf Menschen treffe, die ihre besten Wünsche zu früh in die Kategorie unerfüllbarer

Sehnsüchte verbannen und dann das graue Lied vom tristen Leben anstimmen. Diese zaudernden Freunde leiden allerdings, was sie häufig nicht einmal ahnen, keineswegs nur unter ihrem unerfüllten Sehnsuchtsgefühl, sondern auch unter den Attacken ihrer eigenen Seele. Denn die Seele kann und will es nicht dulden, dass wir die *Gaben*, die wir haben, und die *Möglichkeiten*, die uns das Leben eröffnet, an unserem Lebensweg liegen lassen.

Worin liegt der Grund, dass dieser oder jener, was sein Leben betrifft, so wenig anspruchsvoll ist? Vieles, was dazu beiträgt, kennen wir: die schwierige Kindheit, die falsche Berufs- oder Partnerwahl, Krankheiten, sogenannte unglückliche Umstände und so weiter. Manche meinen auch, sie seien in eine „falsche" Zeit hineingeboren wurden. All das mag stimmen und eine Behinderung auf dem bisherigen Lebensweg gewesen sein. Aber: *Menschsein heißt, sich verändern zu können* (Viktor E. Frankl).

Weshalb soll das möglich sein? Weil Sie und ich nicht nur ein Produkt unserer Gene, unserer Erziehung, unserer Umwelt, unserer Zeit sind, sondern ein nicht geringes Maß an *Freiheit* in uns haben.

Freiheit – was ist das, werden manche skeptisch fragen. Doch statt sie zu definieren, frage ich die Skeptiker: Kann es sein, dass Sie zu wenig Hunger nach Freiheit haben und Ihre Wünsche nach Freiheit Vögeln mit gestutzten Schwingen gleichen? Kann es sein, dass Sie die Bilder von den grünen Wiesen der Freude und der Lust am Dasein zu blass haben werden lassen, sodass sie nicht mehr wirken können? Kann es sein, dass Sie den Blick verloren haben für das, was in Ihnen ist und leben will und darauf wartet, endlich leben zu dürfen?

Wie aber wird man freier?

Wenn eine Mutter sieht, dass ihr Kind vor ein Auto zu laufen droht, wird sie schneller sein als jede durchtrainierte Sportlerin und das Kind einfangen.

Wenn ein junger Mann sich unsterblich verliebt hat, wird er jeden Weg auf sich nehmen, um sein Mädchen zu sehen, auch wenn er noch so weit ist.

Wenn Sie am späten Abend ein Buch lesen, das Sie fesselt, werden Sie trotz der späten Stunde weiterlesen, auch wenn Sie vor Beginn der Lektüre noch so müde waren. Wie also wird man freier?

Indem man sich auf das ausrichtet, was man unbedingt (unbedingt!) leben und erleben will. Und wie findet man heraus, was man will?

Indem man *sich Zeit nimmt* und darüber nachdenkt, was man *anders* haben möchte in seinem Leben – in der Partnerschaft, im Beruf, im Freundeskreis, vor allem aber in sich selbst.

3. Weil wir kreativ sein können

Jeder Mensch kann kreativ sein. Kreativität hängt nicht primär von einer besonderen Begabung ab, sondern davon, ob ein Mensch *Zugang* zu den Quellen seiner Fantasie sucht.

Kreativität hängt auch davon ab, ob ich mich von den Ereignissen, die auf mich zukommen, vereinnahmen lasse – oder ob ich mir gestatte, das, was auf mich zukommt, was es auch sei, *selber* zu gestalten.

Das bedeutet zum Beispiel für unsere *Beziehung zu anderen*: Lebe ich nach immer schon ablaufenden Mustern, etwa: Wenn der andere nicht will, wie ich will, dann gibt es eben Kampf – oder suche ich nach *neuen* Ideen und *neuen* Modellen für Kommunikation, etwa: Wie wäre es, wenn wir uns einmal wöchentlich eine Stunde darüber austauschten, worüber wir uns in den letzten sieben Tagen wechselseitig gefreut oder weniger gefreut haben?

Das bedeutet für die *Beziehung zu mir selbst*: Lasse ich mir von mir selber alles gefallen – oder versuche ich endlich zu begreifen, was es bedeutet, sein Leben selber zu *führen*, also *eigenverantwortlich* zu sein?

Kreativität erfährt vor allem der, der sich auf das Leben einlässt. So hat Picasso einmal gesagt: „Wenn ich nicht weiß, was ich malen soll, dann male ich", das heißt: Dann überlasse ich mich dem Prozess des *Findens*. Deshalb gilt zum Beispiel auch: Wer nach einer Melodie sucht, muss zu singen *beginnen*. Wer ein wichtiges Wort sucht, muss Worte *versuchen*. Wer sein Leben zu verändern sucht, muss sich Ideen für ein verändertes Leben *öffnen*. Nicht die laute Welt, sondern die Stille ist der „Ort", an dem die Quellen der Kreativität am besten sprudeln.

In einem Interview über „Die Kunst des Lebens" gab der 85-jährige Carl Gustav Jung auf die Frage, wie ältere Menschen am besten das Leben bestehen könnten, unter anderem folgende Antwort: „Wenn außer den gewohnten Dingen nichts Neues mehr vor einem liegt, kann sich das Leben nicht mehr erneuern. Es wird schal, gefriert und erstarrt wie Frau Lot, die ihren Blick nicht von den althergebrachten Werten abwenden konnte. Doch ganz unspektakuläre Fantasien können in sich den Keim von wirklich neuen Möglichkeiten oder neuen Zielen tragen, die es zu erreichen lohnt. Es gibt immer Dinge, die vor uns liegen".

4. Weil es Wichtigeres gibt als die Arbeit

„Niemand hat je auf dem Sterbebett gesagt: ,*Ich wünschte, ich hätte mehr Zeit im Büro gehabt.*'" Auf diesen bemerkenswerten Satz kam die bekannte amerikanische Fernsehjournalistin Anna Quindlen.

Viele bedauern gegen Ende ihres Lebens, sich zu wenig Zeit für das genommen zu haben, was wirklich wichtig oder einfach nur schön gewesen wäre, zwar nicht für die Karriere zum Erfolg, wohl aber für die *Karriere zum Glück*. Woran ich denke?

Daran, sich Zeit zu nehmen für das Beobachten des Fischreihers, der am Teich einen Fisch ausspäht, für den Duft des Flieders, der uns nur einmal im Jahr für kurze Zeit beglückt, für das Ertasten der unterschiedlichen Rinden der Bäume, die in der Nähe des Hauses stehen, für das Staunen über die Sterne, die aus weiten Fernen und Zeiten uns die Nacht erleuchten, für den Geruch des Salzwassers, der vom Wind über die Dünen getragen wird, für das Zuschauen beim Spiel der Kinder, die uns zeigen, dass auch Unvernünftiges glücklich machen kann, für Spiele, die nicht wieder an Wettbewerb erinnern, für das Wahrnehmen alter Menschen, die in aller Ruhe auf der Parkbank sitzen und sich lächelnd von der Sonne bescheinen lassen, für das Lesen von Gedichten, die von Werten wissen, die sich uns verschlossen hatten, für das Bauen von Luftschlössern, von denen vielleicht einige auf der Erde Platz finden könnten, für das Zuhören guter, alter Geschichten, die das Leben schrieb, für Gespräche darüber, was die Welt im Innersten zusammenhält, denn nichts entleert die Seele mehr als ein aus ihrer Mitte verdrängter Geist, für das Schweigen, denn die Stille ist der Ort, an dem die neuen Lieder vom Leben entstehen. Sich Zeit nehmen für all das und vieles andere mehr, was vielleicht nicht vernünftig ist und trotzdem die Seele anfüllt mit guten Gedanken und leichten Gefühlen. Denn:

Irgendwann schweigt für uns der Gesang der Vögel. Irgendwann leuchten die Sterne ohne uns. Irgendwann gibt es für uns keine Zeit mehr, in die Welt hineinzusehen, hineinzuhören, hineinzuriechen und sich an dieser großartigen Welt zu erfreuen. „Vita brevis", mahnte die frühere Freundin von Augustinus den großen Kirchenmann. Das Leben ist kurz.

5. Weil es die Liebe gibt

Gäbe es die Liebe nicht mehr, so wäre das, als fehlte der Erde die Sonne. Das Leben würde erlöschen. Warum?

Weil sie die stärkste Kraft im Menschen ist und die wärmste. Was macht sie denn so besonders? Darf ich einen Großen des Geistes, Paulus, zitieren? Jörg Zink übersetzt den Text aus dem 1. Brief an die Korinther so: „Die Liebe ist langmütig und freundlich, gütig und ohne Eifersucht, sie prahlt nicht, sie bläht sich nicht auf ... Sie sucht keinen Vorteil, sie wird nicht bitter durch bittere Erfahrung. Sie rechnet das Böse nicht zu. Sie trauert über das Unrecht und freut sich über die Wahrheit. Sie erträgt alles. Sie glaubt alles. Sie hofft alles. Sie duldet alles ... Nun aber bleiben Glaube, Hoffnung, Liebe. Diese drei. Aber die Größte unter ihnen ist die Liebe."

Die Liebe, wenn wir sie so verstehen, ist alles andere als nur ein süßes, schönes, betörendes oder berauschendes Gefühl – das kann sie auch sein –, doch ist sie im Sinne des Paulus viel mehr, nämlich eine große, nein: die größte geistige Macht, der bedeutendste Wert.

Manchmal träume ich davon, wir hätten die Weisheit, das, was die Liebe tatsächlich bedeutet, in aller Tiefe zu erkennen, nein: zu begreifen.

Manchmal träume ich davon, wir investierten die Energie, mit der wir uns ständig auseinandersetzen, in die Überwindung aller Trennungen.

Manchmal träume ich davon, wir hätten den Mut, nicht darauf zu warten, dass andere an uns das Liebenswerte entdecken, sondern dass wir selbst an anderen das Liebenswerte zu erkennen beginnen.

Warum lohnt es sich zu leben?

Weil es die Liebe gibt, die Liebe, die in jeder Menschenseele darauf wartet, endlich konkrete Gestalt annehmen zu können – nicht nur gegenüber anderen, auch gegenüber uns selbst. Ja, auch zu uns selbst. Das darf nicht nur sein, das muss auch so sein, und das aus einem sehr wichtigen Grund: Es gibt immer mehr Menschen, die sich selbst ablehnen – *sich selbst* ablehnen! Also Nein zu sich sagen. Sich selbst nicht wollen. Sich gar hassen. Sich wünschen, gar nicht da zu sein. Doch wer so lebt, ist nicht nur unglücklich – er lebt auch gefährlich. Warum? Weil der Mangel an Liebe zu sich selbst ein, wenn nicht der tiefste Grund für Störungen an Leib und Seele ist. Das haben sogar neue wissenschaftliche Studien entdeckt.

6. Weil Sinn im Leben vorhanden ist

Dass Leben sinnvoll ist, kann niemand beweisen. Lasse ich mich jedoch auf die wechselnden Situationen des Lebens ein, werde ich das, was hier und jetzt sinnvoll ist, erleben, erfahren, begreifen und mich von ihm erfüllen lassen. Was ich mit Sinnfindung in den wechselnden Situationen meine?

- Schon die *Suche* nach dem, was hier und jetzt Sinn hat, ist ein sinnvoller Akt. Denn wenn ich nach Sinn suche, bin ich innerlich nicht mehr mit dem befasst, was mir fehlt, sondern mit dem, was ich finden möchte.

- Wenn ich hier und jetzt Menschen begegne, kann ich sie ablehnen, mich ihnen zuwenden oder sie ignorieren. Sich ihnen zuwenden, wäre die bessere Alternative.

- Offen sein, ob und welche Aufgaben auf mich zukommen. Das bedeutet?
  Wir sehen uns plötzlich vor Aufgaben gestellt – in Familie, Beruf, öffentlichem Leben –, vor Aufgaben, die darauf warten, übernommen zu werden, und zwar von uns! Bin ich nicht, fragen wir vielleicht, für diese Aufgabe zu *schwach*? Oder: Warum sollte ausgerechnet *ich* mich dafür zur Verfügung stellen? Oder: *Dafür* also bin ich gut genug?
  Es kann sein, dass unsere Motivation für das, worum es jeweils geht, denkbar gering ist. Und dann?

Dann sehe ich auf die Aufgabe, die auf *mich* wartet. Dann höre ich in mir die Frage: *Wer, wenn nicht ich*, käme in Frage? Und keine entlastende Antwort kommt. Dann mache ich mich an die Aufgabe heran, zunächst widerwillig, mürrisch und frei von jeder Lust. Vielleicht ist das, was vor mir liegt, noch unangenehmer als erwartet. Doch dann ahne ich, dass ich die Aufgabe bewältigen könnte, dass ich nicht scheitern müsste. Nach und nach gewinne ich eine Beziehung zu ihr, gewinne auch eine andere Beziehung zu mir. Freude kommt auf, vorsichtig zunächst und, ganz verstohlen, sogar eine gewisse Lust. Ich beginne auch *mich* wert zu fühlen. Ich beginne *Sinn* in dem zu fühlen, was sich mir heute in den Weg stellte. „Man kann auch Sinn verweigern" (Viktor E. Frankl).

7. Weil auch schweres Leben sinnvolles Leben sein kann

Was aber ist, wenn Sie körperlich oder seelisch krank sind, wenn der Partner oder die Kinder Sie verlassen haben, wenn Sie sich sehr einsam fühlen, wenn für Sie Ihr Leben insgesamt anstrengend ist? Was ist, wenn Sie auf Dauer kein Geld mehr haben und nicht wissen, wie Sie über den 15. eines Monats hinauskommen sollen, wenn Sie von Ihrer Umgebung missachtet oder gemieden werden, wenn Sie müde sind vom Leben, wenn Sie mehr und mehr leiden an dieser Welt mit ihren tausend Unsinnigkeiten, mit anderen Worten: Was ist, wenn sich das Leben für Sie nicht mehr zu lohnen scheint?

Nun wünschte ich, Sie und ich säßen uns persönlich gegenüber und könnten über Ihr ganz persönliches Problem sprechen. Doch weil das nicht geht, muss ich mich mit allgemeinen Hinweisen begnügen:

Erstens: Frage ich, wozu ich „das alles" erleiden muss und ob sich das Leben überhaupt noch lohne, werde ich darauf wahrscheinlich nicht sofort und möglicherweise gar keine Antwort bekommen. Doch wenn ich mich nicht verhärte, wenn ich mich nicht auf Dauer auf meine Not fixiere, wenn ich Mitgefühl (nicht Mitleid!) mit mir selbst entwickle, kann es dazu kommen, dass sich mir neue Sinnfelder auftun, die ich bislang überhaupt nicht gesehen habe – zum Beispiel neue Freunde, eine neue Liebe, eine neue Arbeit, vor allem eine neue befreiende *Einstellung* dem Leben gegenüber. Und – vielleicht – steigt irgendwann aus der Tiefe meiner Seele eine Antwort auf die Frage nach dem Wozu meines Leidens auf.

Zweitens: Zu den besonderen Gedanken-Juwelen Viktor E. Frankls gehört seine Erkenntnis, dass menschliches Leben nicht nur *Möglichkeits-*, sondern auch *„Aufgabencharakter"* hat, dass es das Leben selbst ist, das dem Menschen Fragen stellt, er also der vom Leben Befragte ist und dem Leben zu antworten hat.

Ist dieser Satz nicht eine Zumutung? Ja, er *ist* eine Zumutung. Er mutet Menschen zu, auch in ungewollten, schweren Zeiten nicht die weiße Fahne zu hissen, sondern danach Ausschau zu halten, was er aus dem, was auf ihn zukommt, an Sinn herauslesen kann.

Dann aber kann es geschehen, dass er, wenn er sich der ihm abverlangten notvollen Lage nicht resignierend verschließt, im Lauf der Zeit zu einer gravierenden Lebensveränderung kommt. Warum?

Weil ein Mensch letztlich nicht davon lebt, ob seine Wünsche in Erfüllung gehen, sondern davon, ob er seine Tage, so wie sie sind, bejaht. In einem Gespräch in Wien sagte mir Frankl (er durchlitt und durchlebte in drei Jahren vier Konzentrationslager) einen Satz, dessen Wahrheitsgehalt ich erst später zu begreifen begann: Selbstverwirklichung, sagte er im Blick auf den leidenden Menschen, vollzieht sich dadurch, „dass ich das Tiefste aus mir herausbringe ... Denn da werde ich erst ich selbst, da bringe ich das Beste aus mir heraus. Dann zeigt sich: Ich bin noch im Leiden ich selbst gewesen, ich selbst geworden".

Das *Leben* stellt mir Fragen: „Alles wesentliche Leben", sagt dazu der Schriftsteller Willy Kramp in seinem Büchlein „Vom aufmerksamen Leben", „heißt Antwort geben ... Denn wir Menschen sind immerfort gefragt ... Zu jeder Stunde anders ... Mit tausend Stimmen, laut und schweigend, beglückend und quälend. Immerfort sind wir gefragt ... Das ist unsere Gabe und Last alles Menschen. Dies macht es, dass kein einziger Augenblick unseres Lebens dem anderen verglichen werden kann" und daher jede neue Stunde eine neue Herausforderung an mich ist.

Lehne ich die neuen Herausforderungen ab, komme ich auf die Idee, dass sich das Leben nicht lohne. Nehme ich sie an, werde ich erfahren, dass meine Seele wieder tiefer zu atmen beginnt.

Ein Drittes: Man darf auch einmal müde sein vom Leben, nichts mehr denken, tun oder wollen – und darauf warten, dass unsere Seele uns wieder einholt. Dann werden wir erfahren, dass sie sich eines guten Tages wieder bei uns meldet und uns aus unserem dunklen Verlies herausruft.

8. Weil es Humor gibt

Humor (lat. Feuchtigkeit) ist mehr als gute Stimmung, mehr auch als Lustigkeit und Witz, ist jenes Lachen, das vom Herzen kommt und manchmal nur in Augenwinkeln sichtbar wird. Humor ist Sache der inneren Freiheit, des inneren Abstandes zu sich und anderem Leben, ist helle, warme Heiterkeit des Herzens, die viel Erfahrung hat mit Leben und ganz viel davon weiß, dass Leben möglich ist, so oder so. Humor ist die Fähigkeit des Menschen, in den Wechselfällen des Lebens zwischen Wichtigem und nicht so Wichtigem unterscheiden zu können und die Welt in der angemessenen Perspektive zu sehen. Humor ist daher eine besondere Form des Widerstandes gegen die Sinnlosigkeit des Daseins.

Deshalb ist auch der humorvolle Witz nicht bissig, schon gar nicht boshaft. Er ist milde und nachsichtig. Er nimmt nicht nur die eigenen inneren Wirbel aufs Korn, sondern glättet auch die äußeren Unebenheiten des Lebens. Er erkennt und relativiert zugleich die seltsam-komischen Widersprüche des Lebens, sodass das Tragische mindestens für die Dauer des komischen Erlebens außer Gefecht gesetzt ist. Ein kleines Beispiel?

Der Bus ist voll. Eine alte Dame steigt zu und drückt sich mit Mühe ins Wageninnere. Ein junger Mann sieht sie auf sich zukommen, macht die Augen zu und stellt sich schlafend. Die alte Dame, die das Spiel durchschaut hat, klopft ihm auf die Schulter und sagt milde: „Bei welcher Station möchten Sie denn geweckt werden?"

9. Weil es sich lohnt, an etwas zu glauben

Manchmal gilt es, an etwas fest zu glauben, auch wenn der Augenschein dagegen spricht: daran, dass das wichtige Gespräch am Morgen gut verlaufen, dass der Tag trotz der schlaflosen Nacht gelingen wird, dass der Abend mit schwierigen Gästen sehr heiter werden kann. Und was für kleine Dinge gilt, gilt auch für große. Glaube – in diesem Zusammenhang – ist die Fähigkeit eines Menschen, die Kugel der Hoffnung über den Fluss des Lebens zu werfen, sodass sich eine Brücke bildet zwischen hier und dort, unsichtbar zwar und schmal, doch sicher genug, um sie passieren zu können.

Wovon dieser Glaube lebt? Vom Wunsch nach gelingendem Leben und dem Widerstand gegen sich verknotendes Leben, von der Erfahrung, dass der Glaube Berge versetzen kann für den, der Hoffnung nicht nur mal probiert. Wer fest glaubt, vor dem flieht die Angst. Wer die Angst verliert, gewinnt Zugang zu den Kräften der Tiefe. Wer tiefe Kräfte in sich spürt, vertraut auch tief den Kräften, die im Leben liegen, vertraut sich ihnen an, wird eins mit ihnen, verbindet sich mit ihnen.

Doch es gibt noch einen anderen Glauben, der nicht von unseren Wünschen lebt. Ich meine den Glauben an den, „der die Welt im Innersten zusammenhält": Gott. Wer ist dieser Gott?

Wir sehen ihn nicht. Wir begreifen ihn nicht. Wir können ihn uns nicht vorstellen. Er ist uns fremd – zunächst jedenfalls. Doch wenn wir ihn leidenschaftlich suchen, wenn wir es tatsächlich zulassen, dass es ganz still in uns wird und unsere Seele zu uns sprechen darf, wenn wir es zulassen, dass neue, fremde Gedanken und neue, fremde Bilder in uns aufsteigen, die uns veranschaulichen, dass wir in unserem Leben trotz allem, was das Leben unsinnig erscheinen lässt, *gehalten, getragen und gewollt* sind – dann beginnen wir über den schmalen Horizont unseres Verstandes hinauszusehen. Dann steigt in uns die Ahnung auf, die im Lauf der Zeit zur Gewissheit werden kann, dass da ein väterlicher und mütterlicher Gott ist, der diese wilde und trotzdem geordnete Welt *souverän lenkt, leitet, führt und behütet*, auch wenn der Augenschein dagegen spricht. Dann beginnen wir zu glauben und in diesem Glauben eine tiefe Gelassenheit zu entwickeln, dass uns nichts trifft, so sagte es einmal mein Lehrer Helmut Thielicke, was nicht die Zollstelle Gottes passiert hätte.

10. Weil man Ziele tatsächlich erreichen kann

Wenn du, Mensch, dein Leben verändern willst und dieses Vorhaben mit den Sätzen beginnst:

Ich muss irgendwie sehen ...
Ich sollte mal versuchen ...
Ich kann es ja probieren ...
Eigentlich wollte ich ja schon immer mal ...
Wenn ich es recht bedenke ...
Wenn es denn sein muss ...
Ich glaube zwar nicht, dass ich es schaffen werde, aber ...

Na gut, dann tue ich es eben ...
Wenn man es von mir erwartet ...
Mir bleibt ja nichts anderes übrig ...
Ich habe ja keine andere Wahl ...
Meine Hoffnung ist zwar gering, aber ...

Wenn du dein Vorhaben, dein Leben verändern zu wollen, mit einem dieser Sätze beginnst, dann solltest du lieber gar nicht erst anfangen.

Wenn ich einen Weg zu einem fernen, aber attraktiven Ziel vor mir habe, darf ich nicht viele Wege *ein bisschen* gehen. Wenn ich in meinem Beruf eine mich beglückende Vision habe, darf ich mich auf dem Wege zu ihrer Realisierung nicht verzetteln. Wenn ich das Wichtigste für mein Leben suche, nämlich Sinn, darf ich nicht dies und das und das andere auch nur *probieren*. Wenn ich das Allerwichtigste für mein Leben suche, den lebendigen Grund des Seins, kann ich mir nicht erlauben, bei allen möglichen Weltanschauungs-Workshops zu hospitieren. Wenn ich Großes will, kommt alles darauf an, mit ganzem Herzen und ganzer Seele dieses Eine zu wollen.

Was gibt es noch zu sagen? Oh, da ist noch vieles, weswegen sich das Leben lohnt. Zum Beispiel dieses: Kennen Sie *Ihre* Musik? Die Musik, die Sie wie keine andere schon bald, nachdem Sie sie zu hören begonnen haben, verändert? Und die, nachdem Sie sie gehört haben, noch lange in Ihnen nachwirkt?

Wenn Sie Ihre Musik kennen, wissen Sie auch, dass sie für Sie mehr ist als gute Medizin. Sie ist ein Lebenselixier, das Sie einstimmt und einschwingt in Ihre besten Gefühle. Sie dringt in fast jede Dunkelheit hinein und drängt fast jede Dunkelheit hinaus. Musik, die zu Ihnen gehört, ist farbig gewordener, schwingender Geist, der Sie auswärmt, ausweitet und ausrundet wie wenig anderes auf der Welt.

Was gibt es darüber hinaus zu sagen? Darf ich Ihnen einen meiner schönsten Träume verraten? Vielleicht wird er eines Tages wahr – und dann würde sich das Leben mehr noch als bisher lohnen. Also: Man dürfe nicht über einen Menschen urteilen, bevor man nicht einen halben Mond lang in seinen Mokassins gegangen sei, sagt eine indianische Weisheit.

Ich träume davon, wie es wäre, wenn ich nicht mehr so rasch über andere urteilte, wenn andere über mich nicht mehr so rasch urteilten, wenn wir uns gegenseitig nicht so rasch beurteilten – wenn wir uns mehr als bisher *sein* ließen. Ich träume davon, wir machten uns auf Störungen aufmerksam und verletzten uns trotzdem so wenig wie möglich. Dann wäre Menschlichkeit mehr als ein Wort.

Abschließen möchte ich mit einem Staunen über einige Dinge, die mich immer wieder beschäftigen:

- Seltsam, dass Menschen „die Hölle auf Erden" haben und sich dagegen nicht empören.
- Seltsam, dass Menschen „den Himmel auf Erden" haben und sich nicht genug darüber freuen.
- Seltsam, dass jeder Glück will und wenige es suchen.
- Seltsam, dass niemand Leid will und viele es zulassen.
- Seltsam, dass viele Angst haben und nicht die Freiheit suchen.
- Seltsam, dass Menschen die große Gunst haben, am Leben teilnehmen zu dürfen und sich betäuben.
- Seltsam, dass kein Mensch Krieg will und ständig Krieg ist.
- Seltsam, dass wir nichts mehr als das Leben lieben und es doch zerstören, vergiften, töten.
- Seltsam, dass der, der dieses Leben erdachte, erfühlte, erschuf, ganz offensichtlich noch immer dieses Leben liebt.

Literatur

Böschemeyer, Uwe: Worauf es ankommt. Werte als Wegweiser, München 2008, 3. Aufl. (TB)
ders.: Das Leben meint mich. Meditationen für den neuen Tag. Ein Jahrbuch, Hamburg 2007, 4. Aufl.
ders.: Sag Ja und lebe! Meditationen für jeden Tag, Hamburg 2007
ders.: Unsere Tiefe ist hell. Wertimagination – ein Schlüssel zur inneren Welt, München 2008, 2. Aufl.
Buber, Martin: Worte für jeden Tag, Gütersloh 1999
Dürckheim, Karlfried Graf: Japan und die Kultur der Stille, Bern 1981, 7. Aufl.
Eckermann, Johann Peter: Gespräche mit Goethe in den letzten Jahren seines Lebens, hrsg. von Fritz Bergemann, Frankfurt a. M. 1981
Frankl, Viktor E.: Ärztliche Seelsorge. Grundlagen der Logotherapie und Existenzanalyse, Frankfurt a. M. 1995
ders.: Das Leiden am sinnlosen Leben. Psychotherapie für heute, Freiburg i. Br. 1995, 17. Aufl.
Hirsch, Eike Christian: Der Witzableiter oder Schule des Gelächters, Hamburg 1985, 2. Aufl.
Hofmannsthal, Hugo von: Buch der Freunde, Frankfurt a. M. 1985
Hohn-Kemler, Ludger (Hrsg.): Sinnspuren. Ein Lesebuch der Lebensquellen, Freiburg i. Br. 1989
Jung, Carl Gustav: Grundwerk, Bd. 8, 2. Aufl., Olten und Freiburg i. Br. 1987
Kramp, Willy: Vom aufmerksamen Leben, Hamburg 1958
Pascal, Blaise: Gedanken, hrsg. u. m. e. einführenden Essay von Arnd Brummer, i. d. Übersetzung v. Ulrich Kunzmann, Frankfurt a. M. 2007
Peseschkian, Nossrat: Das Leben ist ein Paradies, zu dem wir den Schlüssel finden können, Freiburg i. Br. 2009
Rattner, Josef: Menschenkenntnis durch Charakterkunde, Hamburg 1983
Schmid, Wilhelm: Glück ist Balance, in: Psychologie heute, November 2000, S. 24 ff.
Singer, Christiane: Zeiten des Lebens. Von der Lust sich zu wandeln, München 1992
Zink, Jörg: Das Neue Testament, Stuttgart 2000
ders.: Atem der Freiheit. Vom Leben im Offenen, Stuttgart 2002
ders.: Ufergedanken, Gütersloh 2007

Auswahl der Literatur von Uwe Böschemeyer

Sich selbst bejahen, Hamburg 2002
Die Sprache der Träume, Hamburg 2002
Sinn für mein Leben finden, Hamburg 2002
Die Kraft deiner Gedanken, Hamburg 2002
Das Leben meint uns. 111 Ermutigungen für Paare, TB, München 2003
U. Böschemeyer/M. Van Cappellen, Bei sich beginnen. 17 Wege zum Glück, Hamburg 2004
Das Leben meint mich. Meditationen für den neuen Tag. Ein Jahrbuch, Hamburg 2007, 4. Aufl.
Gottesleuchten. Begegnungen mit dem unbewussten Gott in unserer Seele, München 2007
Unsere Tiefe ist hell. Wertimagination – ein Schlüssel zur inneren Welt, München 2008, 2. Aufl.
Worauf es ankommt. Werte als Wegweiser, München 2008, 3. Aufl. (TB)
Gespräche der inneren Welt, Hamburg 2006 (Books on Demand)
Vertrau der Liebe, die dich trägt. Von der Heilkraft biblischer Bilder, München 2009
Du bist viel mehr. Wie wir werden, was wir sein könnten, Salzburg 2010
Du bist mehr als dein Problem. Uli – eine ungewöhnliche therapeutische Begegnung, München 2010

*

Weiterführende Informationen über Theorie und Praxis der Wertimagination erhalten Sie hier:

Hamburger Institut für Existenzanalyse und Logotherapie
Akademie für Wertorientierte Persönlichkeitsbildung
Barckhausenstraße 20
21335 Lüneburg
BRD

Telefon: ++49/4131/403844
Telefax: ++49/4131/403845
E-Mail: sekretariat@boeschemeyer.de
www.logotherapie-hamburg.de

Vom Typ zum Original.

Böschemeyer, Uwe
„DU BIST VIEL MEHR"
224 Seiten, EUR 19,95
ISBN: 978-3-902404-88-6

»*In unserer Zeit, in der die Maximierung von Gewinn wichtiger zu sein scheint als der Mensch, stellt Uwe Böschemeyer seit Jahrzehnten den Menschen in den Mittelpunkt seines Denkens, Wirkens und Forschens, geradezu besessen taucht er in die Unergründlichkeit der Seele ein.*«

Hamburger Abendblatt

Du darfst sein wie Du bist, aber zeige Dich von Deiner besten Seite! Bleib nicht stehen, entwickle Dich weiter!

Dieses Buch weckt Leidenschaft für das Leben, indem es die Menschen in ihrer faszinierenden Unterschiedlichkeit beschreibt und auf den Weg zu einem einzigartigen Leben, einer eigenen Persönlichkeit lockt. Es ist zugleich Werbung für den Menschen, will motivieren, das Beste aus sich herauszuholen, und zeigt, dass ein Mensch immer „mehr" ist als eine Problematik, die ihn festzuhalten scheint. Am Typischen soll das Einengende überwunden werden und gleichzeitig das Erleichternde des eigenen Typus ausgelebt werden. Uwe Böschemeyer fordert dazu heraus, die bislang unberührten und ungelebten Gebiete des Geistes und der Seele kennenzulernen und sie in ihrer Kraft zu erfahren.

Dann mach es anders.

Ellegast, Burkhard
„DER WEG DES RABEN"
232 Seiten, EUR 21,90
ISBN: 978-3-902404-87-9

»Ein wichtiges Buch für die Welt von heute«

Paulo Coelho

Wir verstehen die Welt nicht mehr, in der wir leben. Wir verstehen ja nicht einmal mehr die Gemeinschaften, in denen wir leben. Es ist uns sogar gelungen, Gott aus unserem Denken auszuradieren, und heute sind wir dabei, etwas zu tun, was bisher als gänzlich unvorstellbar galt – wir sind dabei, uns selbst auszulöschen. Nichts liegt dem Melker Altabt ferner, als die Menschen dafür zu verteufeln. Im Gegenteil: Er zeigt auf, wie es so weit kommen konnte, und räumt sogar ein, dass seine katholische Kirche an dieser Situation nicht ganz unschuldig ist. Vor allem aber bietet er Lösungen, wie wir in offenbar aussichtslosen Situationen einen neuen Weg in die Freiheit finden können.

Spannend.

Wir wollen ja nur das Beste.

Leibovici-Mühlberger, Martina
„WIE KINDER WIEDER WACHSEN"
236 Seiten, EUR 19,95
ISBN: 978-3-902404-86-2

Erziehung beginnt schon lange, bevor Kinder sprechen lernen. Von Geburt an ahmen sie Verhaltensweisen ihrer Umwelt nach, auch wenn sie diese noch nicht verstehen. Ergebnisse einer Studie der Yale-Universität zeigen aber auch, dass die Fähigkeit zur Imitation bei Kindern zu Verwirrung führen kann, wenn Erwachsene Dinge unorganisiert angehen. Lassen Sie uns nun kurz die Welt durch Kinderaugen beobachten und die Perspektive wechseln, eine kurze Bestandsaufnahme: mangelnde Rollenbilder, adoleszente Eltern, zerbröckelnde Familien, Schönheitswahn. Das unbeschwerte Kindsein wird immer früher beendet. Unsere eigene Reaktion ist eine sehr kindliche: Wir verschließen die Augen und hoffen, dass alles wieder gut ist, wenn wir sie wieder öffnen. Politik, Eltern und Lehrer schieben sich gegenseitig die Schuld zu.
Wie soll man Kinder heute nur großziehen, fragt man sich. Vielleicht nicht großziehen, sondern einfach nur wachsen lassen, meint Martina Leibovici-Mühlberger.
Glucke oder Rabenmutter – was ist der richtige Mittelweg und gibt es diesen überhaupt? Wie partnerschaftlich darf man mit Kindern umgehen, ohne sie zu überfordern? Wie gelingt eine leistungsunabhängige Liebe in einer Welt, die immer nur Ergebnisse einfordert? Was ist das richtige Maß an Autorität und wie gewinnt man die Energie dafür nach einem anstrengenden Arbeitstag?
Wie viel Zeit benötigen Kinder wirklich? Muss man ein Kind vor der Umwelt schützen und wenn ja, wie?